Dieses Buch ...

... macht Lust, die eigene Zukunft zu gestalten

... unterstützt, die eigene Vision zu entwerfen

... erhöht die Zielerreichung

... gibt konkrete Schritte an die Hand

... hilft, Blockaden zu beseitigen

... ermuntert zu Erfolgen

... macht Sie zum Future Zoomer

ISBN 978-3-945112-26-7

Bibliografische Information der Deutschen Nationalbibliothek

Die Deutsche Nationalbibliothek verzeichnet diese Publikation in der Deutschen National-
bibliografie; detaillierte bibliografische Daten sind im Internet über http://dnb.d-nb.de
abrufbar.

Alle Angaben werden mit Herz recherchiert, gesammelt, sondiert, lektoriert und publiziert.
Dennoch: Alles ohne Gewähr. Jegliche Haftung seitens der Herausgeberin und|oder der
Autoren ist ausgeschlossen.

Fotos Silvia Ziolkowski: Barbara Obermaier
Druck: BoD, Norderstedt

Die Wiedergabe von Gebrauchsnamen, Handelsnamen, Warenbezeichnungen usw. in
diesem Werk berechtigt auch ohne besondere Kennzeichnung nicht zu der Annahme,
dass solche Namen im Sinne der Warenzeichen- und Markenschutz-Gesetzgebung als frei
zu betrachten wären und daher von jedermann benutzt werden dürften.

© **PROFILER'S PUBLISHING** Bielefeld 2015 | www.profilerspublishing.com

Wissen, wo's lang geht!

So werden Sie zum Future Zoomer für Ihre erfolgreiche Zukunft

Silvia Ziolkowski

PROFILER'S PUBLISHING

Expertenwissen für Ihren Erfolg

Vorweg

Ich war gerade 39 geworden, als ich die Entscheidung getroffen habe, mich jetzt aktiv um meine Zukunft zu kümmern. In mir rumorte die Frage: „Will ich mit 40 noch Vorstand unseres IT-Unternehmens sein oder will ich es nochmal wissen und meine anderen Träume leben?" Um nicht zu Hause im Kämmerlein diese Frage zu klären, habe ich ein sogenanntes Erfolgsteam genutzt. Das ist eine Gruppe Gleichgesinnter, die sich gegenseitig bei der Zielerreichung unterstützen. Wir sind ganz gut vorangekommen, aber ich konnte mich einfach zu keiner Entscheidung durchringen. Von „oh, ich mag das Business und die Menschen darin so gerne – ich bleibe " bis „Nie Zeit. Immer das Gleiche – ich pack's noch Mal" reichte mein Klagelied.

Erst als ich ein System namens Personal-Reteaming® kennen gelernt habe, war mir klar, was mich antreibt und welche Träume ich leben wollte. Ich konnte die Kraft und den

'Beat' förmlich spüren, der mich von nun an angetrieben hat. Mit diesem starken Bild im Kopf und dem Wissen, was dahinter steckt, konnte ich den entscheidenden Schritt endlich tun. Ich habe mich entschieden zu gehen.

Es war wie ein Befreiungsschlag, der jede Menge Ressourcen freigesetzt hat. Mit viel Energie und jeder Menge Ideen habe ich das Alte abgeschlossen und das Neue – noch sehr Unscharfe – geplant. Ich war so begeistert, dass ich Freunden, die in einer ähnlichen Falle steckten, wie ich damals, die Methode näher brachte. Bei jeder Anwendung sind weitere wertvolle Aspekte hinzugekommen und so ist letztendlich Future Zooming® entstanden. Ich habe es kontinuierlich weiter entwickelt und mit all dem, was ich mittlerweile über nachhaltige Erfolge weiß, ergänzt und so zu meiner ganz eigenen Methode gemacht.

Heute habe ich wieder einen Traum: Ich möchte Future Zooming® in Schulen und Universitäten tragen. „Future Zooming passt von 7-77" hat eine Teilnehmerin einmal gesagt und für eine Andere ist klar: „Future Zooming müsste Pflicht für jeden Menschen werden!" Und ich glaube, je früher wir eine Strategie an der Hand haben, die uns hilft, unseren Träumen auf die Spur zu kommen, umso zielgerichteter, zufriedener und glücklicher gehen wir durchs Leben.

Ich bin davon überzeugt, dass jeder von uns den Traum eines gelungenen Lebens in sich trägt. Damit dieser Traum eine Chance hat, Wirklichkeit zu werden, braucht er immer wieder Aufmerksamkeit. Und es braucht eine Strategie, wie es gelingt, zu starten, durchzuhalten und zu siegen.

Mit Future Zooming® kann ich mir eine Strategie zurechtlegen. Wie das im Einzelnen geht, verrate ich Ihnen in diesem Buch. Ich wünsche Ihnen viel Freude beim Ausprobieren und Kennenlernen.

Ihre Silvia Ziolkowski

Vorwort

Vor etwa zwei Jahrzehnten durfte ich Ben Furman und Tapani Ahola in Helsinki kennen lernen. Sie führten mir die Wirkung einer ganz besonders effizienten Methode zur Veränderung vor, die sie reteaming nannten.

Das Besondere daran ist, dass die Methode, die in der lösungsorientierten Psychologie beheimatet ist, nicht nur in der Teamentwicklung, sondern auch in der individuellen Entfaltung von Menschen angewendet werden und sich jedermann diesen Ansatz zu eigen machen kann.

Sie besteht aus bestimmten Schritten, die mit hoher Sicherheit zu einem angestrebten Ziel führen, um Verbesserung oder Veränderung in den meisten Lebenslagen zu bewirken.

Silvia Ziolkowski hat mit dem vorliegenden Buch 'Future Zooming' das Grundkonzept des 'personal reteaming' in eine ansprechende Form gekleidet und fein adaptiert. Sie regt die Leser an, nicht lange zu grübeln, die Vergangenheit ruhen zu lassen und den Blick auf eine attraktive Zukunft zu richten. Dort soll unabhängig von vergangenen und gegenwärtigen (Belastungs-) Situationen ein wünschenswerter Zustand konstruiert werden, den es gilt, zu erreichen.

Das Besondere an diesem Buch ist, dass es kein Ratgeber sein will, sondern vielmehr eine klare Struktur bietet, wie man einfach und sicher die gewünschte Veränderung herbeiführen und seinen Lebenstraum leben kann. Die Inhalte des Buches sind praxisorientiert dargestellt, die Beispiele anschaulich und die Struktur schlüssig.

Silvia Ziolkowski schreibt aus eigener Erfahrung und das mit beispielloser Leidenschaft. Sie hat den dargestellten Ansatz verinnerlicht, weil sie danach lebt und arbeitet – der Erfolg gibt ihr Recht. Sie verrät ihr Geheimnis.

Die Methode wirkt – das kann ich aus 20-jähriger Reteaming-Erfahrung mit gutem Gewissen sagen.

Und die Autorin zeigt die Möglichkeiten des Andersseins sowie einen erprobten Weg dorthin mit der ihr innewohnenden Leichtigkeit auf. Es könnte leicht sein, dass man beim Lesen gleich loslegen möchte.

Nur zu – und viel Vergnügen!

Wilhelm Geisbauer, März 2015
reteaming int. institute

INHALT

Wissen, wo's lang geht! 3

Wissen alleine reicht nicht... 5

Um welches Wissen geht es überhaupt? 9

Wissen, was zu mir passt 13

Die Instrumente des Future Zoomers 17

Schritt 1 Starten: Visionserstellung 21

    „Big Picture" Mut zur eigenen Vision 23

    „Es muss Musik machen" lassen Sie ihre Augen leuchten 29

Schritt 2 Durchhalten: Visionsverfolgung 35

    Nutzen Sie die Strahlkraft Ihrer Vision 37

    Wo denken Sie hin? 41

    Den Preis bezahlen — Ballast abwerfen 47

    Das Wissen der Anderen — suchen Sie sich Unterstützer 53

    Erfolgreich scheitern — lernen Sie Rückschläge zu meistern 61

Schritt 3 — Siegen: Visionsumsetzung 65

    Mit Babysteps zum Ziel — Etappenziele festlegen 67

    Visionslogbuch schreiben — erhöhen Sie die Wahrnehmung 71

    Erinnern Sie sich — Optimismus verankern 75

    Genießen Sie Ihre Erfolge — Feiern und würdigen 79

    100%iges Commitment zu meinem Traum 83

    Die Future Zooming® Erfolgsregeln 89

Hinweise & Tipps 91

    Future Zooming® — Quick-Check 95

    Weiterführende Informationen zu Future Zooming® 99

Silvia Ziolkowski — die Zukunftsentwicklerin 103

    Silvia Ziolkowski im Interview 107

    Kontakt zur Zukunft 112

Wissen, wo's lang geht!

Werden Sie zum Future Zoomer für Ihre erfolgreiche Zukunft!

Lassen Sie sich von mir ins Möglichkeitenland entführen. Konstruieren Sie für sich eine attraktive Zukunft, die besser ist als erwartet. Das macht nicht nur Spaß, sondern zieht Sie gleichzeitig in die gewünschte Richtung.

Am besten gelingt das, wenn Sie sich ein schönes Notizbuch besorgen, um alle Gedanken gleich festzuhalten. Gerne können Sie auch den freien Platz im Buch benutzen – so wird aus dem 'Lesebuch' gleich noch ein Arbeitsbuch mit Ihren Anmerkungen und Gedanken. „Nur geschriebenes Denken ist konstruktives Denken", sagt meine Kollegin Claudia Kimich und ich stimme ihr da uneingeschränkt zu. Sie finden deshalb auch genügend Platz, um spontan Ihre Gedanken aufzuschreiben.

Durch das ganze Buch ziehen sich ergänzende Übungen. Ich empfehle Ihnen, dem Impuls zu folgen und Ihre auftauchenden Gedanken dazu – egal wie perfekt diese gerade sind – gleich zu notieren. Sie wissen ja, Gedanken sind flüchtig und meist wissen wir später nicht mehr, was wir gedacht haben und ärgern uns, wieso wir es nicht gleich aufgeschrieben haben.

Übung ist die Mutter des Könnens – deshalb finden Sie auch Hinweise zu Zusatzservices, wie Arbeitsblätter, die ich extra dafür zusammengestellt habe.

Entscheiden Sie selbst, ob Sie sich von dem Buch nur inspirieren lassen wollen, oder ob Sie es als echtes Arbeitsbuch verwenden wollen, um an Ihrer Wunschzukunft zu bauen. Sie profitieren in jedem Fall davon. Lassen Sie uns starten.

Wissen alleine reicht nicht...

„Wenn ein Manager sich nicht selbst führen kann,
werden ihn keine Fähigkeit, Fertigkeit, Erfahrung
und kein Wissen
zu einem leistungsfähigen Manager machen."

Peter F. Drucker

14 Jahre gehörte ich dem Führungskreis eines international
agierenden IT-Unternehmens an und war zuletzt einer von
drei Vorständen. Die Ausbildungen, die ich hatte, waren
fachlich alle hervorragend und ich wusste, welche Stellschraube welches Ergebnis bringt. Theoretisch!

Was ich nicht wusste, war, dass die fachliche Seite alleine
nicht reicht, sogar mehr als unzureichend ist, wenn man
nicht kapiert, dass zu einem Führungsalltag vor allem der
Mensch gehört. Nun hatte ich Glück, dass ich selbst sehr
menschlich bin und mich gut auf Andere einlassen kann,
das hat Vieles erleichtert. Dennoch habe ich noch jede

Menge Fehler gemacht. Mir war nicht genügend bewusst, was ich mit der Kraft meiner Gedanken anrichte und welche Wirkung meine Interpretationen haben.

Das änderte sich für mich 1998, nachdem mir ein Geschäftspartner ein Buch in die Hand gedrückt hat. Ich war der Meinung, dass es sich um ein Fachbuch handelt. Beim Lesen habe ich dann erkannt, weswegen er mir dieses Buch geschenkt hat. Hier ging es nicht um Fachwissen, sondern um uraltes Wissen, dass wir alle kennen sollten: Mit unserem Denken können wir mehr erschaffen und ermöglichen als wir wissen.

Dieses Buch hat mir die Augen geöffnet und so habe ich mich immer mehr und intensiver mit diesem Thema beschäftigt, das vor allem eine wirkungsvolle Selbstentwicklung zum Ziel hatte. Dazu gehörten unter anderem NLP, 'The Work' von Byron Kati, 'Reteaming' von Ben Furman und Tapani Ahola bis hin zur positiven Psychologie, die ich für einen Quantensprung halte, wenn es um Glück und Zufriedenheit im eigenen Leben geht.

Und heute weiß ich: Wahres Wissen kommt von innen und hat sehr viel mit Vorstellungskraft, Einstellung, Haltung und Liebe zu mir selbst und zu den Menschen zu tun. Wenn Sie diese Grundvoraussetzungen haben, werden Sie sehr viel schneller und leichter erfolgreich sein, als zu versuchen, alleine über Fachwissen zu punkten.

Damit sind wir bei dem oben genannte Zitat von Peter F. Drucker. Es gilt als wichtigste Stellschraube für den Führungsalltag, sich selbst zu führen. Ich hätte mir damals gewünscht, dass ich schon viel früher über diese Erkenntnis verfügt hätte. Es hätte mir viel Frust, Missverständnisse, Kraftakte, Gedankenschleifen und schlaflose Nächte erspart.

Heute wende ich die erlernten Dinge in meiner Arbeit an. Ich weiß, dass es diese Stellschrauben sind, die aus einer durchschnittlichen Führungskraft eine charismatische Leitfigur machen können.

Mein Steckenpferd und meine Expertise gehören deshalb der Zukunftsentwicklung und dem, was ich heute tun kann, damit meine Träume morgen Wirklichkeit werden. Ich vereine dabei sehr viel von den Dingen, die ich oben beschrieben habe. Tauchen Sie mit mir ein in Ihr wahres Wissen und gönnen Sie sich einen Blick ins Möglichkeitenland. Werden Sie zum Future Zoomer und erkennen Sie dadurch wie Sie von der Kraft der Vision profitieren.

Um welches Wissen geht es überhaupt?

„Es gibt nichts Neues unter der Sonne,
aber es gibt eine Menge alter Sachen,
die wir nicht wissen."

Ambrose Bierce

Um welches Wissen geht es in Zukunft? Das ist eine Frage, die mich sehr interessiert und mit der ich mich schon seit 1998 beschäftige. Was ist Ursache und was Wirkung? Mit was können wir in den Unternehmen angesichts des steigenden Fachkräftemangels, der stetig zunehmenden Globalisierung und einer gehetzten und von Burn-Out gefährdeten Gesellschaft nachhaltig punkten?

Klar ist: Es ist nicht das reine Fachwissen. Wir sind alle ausgebildet bis an die Zähne. Wir kennen die meisten Prozesse, die uns effizienter machen. Wir haben Prozessoptimierungen vorgenommen, die bestmögliche EDV installiert, die uns lästige Kleinarbeit abnimmt, und Think Tanks eingerichtet, die über zukünftige Produkt-Innovationen nachdenken. Wir sind unternehmerisch Vorbilder für viele Länder und doch am Ende unserer Kraft. Manchmal glaube ich, dass wir von unserer selbstgemachten Schnelligkeit überrollt werden. „Trotz aller Entwicklung bleibt die Seele Fußgänger." Dieser Satz von Jens Wiesner hat mich berührt und ich finde ihn sehr wahr. Ich glaube, wenn wir das verstanden haben, wissen wir auch, dass wir immer wieder bremsen müssen, um uns nicht zu verlieren.

Wir können die Zeit weder zurückdrehen noch langsamer machen, aber wir können die nächste Stufe des Bewusstseins erklimmen, vor der wir meiner Meinung nach kurz davorstehen. Und das heißt tatsächlich, den Menschen in den Mittelpunkt zu stellen. Nicht umsonst sind Corporate Social Responsibility (CSR), Betriebliches Gesundheitsmanagement (BGM) und Coaching Themen, die Unternehmen zunehmend für sich entdecken. Das ist gut und hilft viel. Dennoch liegt die Verantwortung noch zu sehr im System, statt beim Einzelnen. Mensch im Mittelpunkt heißt für mich auch, meine Selbstentwicklung und mein Tun in den Mittelpunkt zu stellen. Das hat nichts mit Egoismus zu tun, sondern mit der Übernahme von Verantwortung und der Erkenntnis, dass, wenn es mir gut geht, es meinem Umfeld (mit mir) auch gut geht.

Im Einzelnen meine ich damit:

▸ Ich weiß, was ich will und übernehme Verantwortung für das, was ich lebe und erlebe.

▸ Ich weiß um meinen Einfluss und übernehme Verantwortung für mein Umfeld.

▸ Ich weiß, dass ich Schöpfer meines Lebens und damit meiner Zukunft bin.

Ich bin überzeugt: Wenn wir das verinnerlichen, dann gibt es sehr viel weniger Orientierungslosigkeit, viel mehr Lust auf Leistung, mehr Heiterkeit und innere Zufriedenheit.

Und nun bin ich wieder bei dem Wissen, das wir in Zukunft brauchen. Es ist kein neues Wissen. Es mangelt uns eher an Bewusstsein. Wir wissen alle viel, aber ist uns auch bewusst, was das bedeutet? Es geht um das Umsetzen von uraltem Wissen. Wissen, das in uns steckt, das wir wieder entdecken können. Als erstes als Einzelperson und dann als Gemeinschaft.

Die Jahr für Jahr erscheinende Gallup-Studie macht in erschreckender Form offensichtlich, wie es um die Zukunftsfähigkeit in unseren Unternehmen steht: nur 16% der deutschen Angestellten haben Freude an der Arbeit, 17% haben bereits innerlich gekündigt und 67% machen Dienst nach Vorschrift (Gallup Studie 2013). Der Schaden, der dadurch entsteht, geht nach Angaben der Studie in die Milliarden. Für mich ist das sehr erschreckend.

Ein Grund mehr, sich mit sich und seinen Wünschen und Träumen auseinander zu setzten. Mir bewusst zu machen, wie ich mein Leben auf mein Ziel hin ausrichten kann und damit dann sehr viel mehr Zufriedenheit und Glück erlange.

WISSEN,
WAS ZU MIR PASST

„Wer ein WARUM zum Leben hat,
erträgt fast jedes WIE!"

Friedrich Nietzsche

Kennen Sie Ihr 'Warum'?

Dieses 'Warum' ist oft gut versteckt. Zugedeckt vom Alltag
blitzt es zwar immer mal wieder durch, ist aber schneller
weggeschoben als wahrgenommen. Die Sehnsucht und das
Verlangen danach bleiben dennoch. Wir spüren, dass etwas
fehlt in unserem beschäftigten Leben. Etwas, was uns erfüllt und uns antreibt. Zum Ausdruck bringen wir das oft so:
„Ich weiß nicht, wo ich anfangen soll...", „Ich bin gerade
ratlos und orientierungslos...", „Ich habe keine Idee, was ich
jetzt machen soll...". „In der Mitte des Lebens ist mir der
Sinn verloren gegangen...", „Ich kriege die PS nicht auf die

Straße...", „Ich sollte nochmal was Neues anfangen, bevor es zu spät ist...".

Sind Ihnen solche oder ähnliche Aussagen bekannt? Ja! Dann sind Sie einem Phänomen unserer Zeit auf der Spur. Vielleicht fragen Sie sich auch, wieso es so schwer ist, dem eigenen Warum auf die Spur zu kommen?

Haben wir alle zu viel auf dem Schreibtisch? Sind es die vielfältigen Möglichkeiten, die uns die Entscheidung schwer machen? Beschäftigen wir uns überhaupt noch mit den richtigen Dingen?

Eins ist sicher, die scheinbar täglich schneller werdende Welt macht uns zu schaffen. Wir nehmen uns nicht mehr genügend Zeit hinzuspüren, was wir WIRKLICH wollen, sondern versuchen Schritt zu halten mit all den Notwendigkeiten und Einflüssen. Und so kommt es, dass wir die Richtung aus den Augen verloren haben. Ebenso häufig spüren wir den 'Beat' in uns drin nicht mehr.

Dabei ist es gerade für die eigene Persönlichkeit wichtig, sich mit seinem Inneren zu verbinden und sich nicht von äußeren Umständen zu sehr beeinflussen zu lassen. Erfolg braucht ein hohes Maß an Disziplin, Durchhaltevermögen und Glauben an sich selbst. Dies ist sehr einfach, wenn alles läuft. Wenn wichtige Entscheidungen getroffen sind und man selbst genügend Sicherheit gewonnen hat in seinem Beruf, seiner Beziehung oder bezüglich seiner nächsten Schritte.

Doch am Start oder bei Absagen, Enttäuschungen oder immer wieder auftretenden Hindernissen braucht es schon viel Disziplin, um dran zu bleiben. Weiterhin an sich zu glauben und mit Zuversicht in die Welt zu schauen ist Arbeit. Was uns dabei hilft, ist, wenn wir unser WARUM kennen, wenn wir wissen, weshalb wir uns neu aufstellen wollen, durchhalten sollten und es sich lohnt, auch bei Durststrecken dran zu bleiben. Das heißt, wenn wir unser 'Big Picture', unsere Vision kennen, ist es sehr viel einfacher, den eigenen Erfolgsweg zu gehen.

Doch das alleine reicht nicht. Wir brauchen eine Strategie bzw. Instrumente, die uns helfen, Entscheidungen zu treffen, Motivation aufzubauen und hinderliche Blockaden abzubauen.

Future Zooming® ist so eine Strategie. Wenn man die Werkzeuge kennt, kann man immer wieder darauf zurückgreifen und sich selbst sehr gut unterstützen.

Ich bin davon überzeugt, dass jeder von uns – besonders auch als Führungskraft – anderen zum Vorbild gereicht und auch den stärksten Hebel für ein erfülltes Leben hat, wenn er seine Vision verfolgt.

Die Instrumente des Future Zoomers

„Die Zukunft kann man am besten voraussagen,
wenn man sie selbst gestaltet!"

Alan Kay

Future Zoomer sind Real-Träumer, die sich an ihrer Vision ausrichten. Sie wissen, wie wichtig es ist, immer wieder zu bremsen, zu reflektieren und den Fokus auf die große Idee, die eigenen Wünsche und Ziele zu lenken. Der Lohn ist ein erfülltes Leben, das sie von innen strahlen lässt. Sie wissen auch, dass die kleinste Keimzelle für Erfolg sie selbst sind und es einzig und alleine ihre Glücksverantwortung ist, ein selbstbestimmtes Leben zu leben. Und das heißt auch, die eigenen Potenziale zu erkennen und freudig und mutig den eigenen Weg zu gehen.

Drei entscheidende Schritte begleiten den Future Zoomer dabei:

I. STARTEN

Erkennen Sie wie wichtig Ihr 'Big Picture' ist
und wie schnell und einfach Sie es entwickeln können.

II. DURCHHALTEN

Kleine, gehbare Schritte, gepaart mit Kontinuität, sind das Erfolgsrezept der Gewinner.

Was es dazu braucht,
auf was es zu achten gilt
und wie Sie Ihren 'inneren Schweinehund' austricksen,
um dranzubleiben,
das ist die Umsetzungsstrategie dahinter.

III. SIEGEN

Das Wichtigste am Siegen ist der Siegeswille!
Dieses unabdingbare JA in uns.

JA, auch zu den Umwegen, dem Hinfallen, dem immer wieder Aufstehen und dem unbedingten Glauben an den Sieg.

Gerade in Umbruchsituationen oder Veränderungen tut uns die Fokussierung auf das Wesentliche gut.

Die größte Gefahr heute ist nicht, dass uns nichts einfällt, sondern eher, dass es zu viele Chancen, Möglichkeiten und Ideen gibt, die alle interessant erscheinen. Die Zauberformel für dauerhafte Zufriedenheit und Erfolg heißt deshalb: „Fokus und Überzeugung bringt mich zum Handeln".

WERDEN SIE ZUM FUTURE ZOOMER
UND GÖNNEN SIE IHREN TRÄUMEN, ZIELEN
UND TIEFEN WÜNSCHEN
DEN WEG IN IHR BEWUSSTSEIN.

Schritt 1

Starten:
Visionserstellung

„Nicht materielle Knappheit,
noch fehlender Rationalisierungswille,
wohl aber die Unfähigkeit zu träumen,
ist die wirkliche Armut des heutigen Menschen.

Manager, die nicht mehr träumen können
und denen der Mut zur Vision fehlt,
verspielen die Zukunft ihres Unternehmens."

Peter F. Drucker

Dieses Zitat des Managementvordenkers Drucker macht ohnmächtig und mächtig zu gleich. Ohnmächtig, weil es uns den Spiegel vorhält und das Bild unserer Welt zeichnet. Wir sind zu vernünftig geworden. Denken an schneller, weiter, höher, an Status und finanzielle Sicherheit. Was dabei fehlt ist die Beseeltheit. Das, was uns im Inneren ausmacht und antreibt. Mächtig, weil es uns Mut macht, die eigenen Träume ernst zu nehmen. Es zeigt uns auf, dass wir zuständig sind und es in der Hand haben, Träume zu spinnen und Visionen zu verfolgen. Werden Sie mächtig und nehmen Sie das Zitat als Aufforderung, sich zu trauen, die eigene Vision entstehen zu lassen.

„Big Picture"

Mut
zur eigenen Vision

„Wenn wir uns von unseren Träumen leiten lassen,
wird der Erfolg
all unsere Erwartungen übertreffen."

(Henry David Thoreau)

Jeder trägt den Traum eines gelungenen Lebens in sich.
Davon bin ich überzeugt. Je näher wir diesem Traum sind,
desto mehr leben wir ein Leben, das uns begeistert.

Ein gelungenes Leben besteht für die meisten von uns aus
verschiedenen Facetten. Da gehört der Wunsch nach einem
stabilen privaten Umfeld ebenso dazu, wie etwas Bleiben-
des zu hinterlassen. Und ganz in uns drin, geht es darum,
den eigenen Weg zu gehen, sich zu trauen es 'my way' zu
tun: Wünsche zu haben, die unrealistisch erscheinen, sich
Dinge auszudenken, etwas zu ersinnen, das noch nicht exis-
tiert. Möglicherweise wird man deswegen belächelt. Träu-

mer müssen auch Spott hinnehmen. Doch Visionen zu haben, bedeutet Vorsprung zu haben. Einer meiner Interviewpartner sagte mir dazu folgenden Satz: „Meinen Traum zu verwirklichen, war ein Prozess, der sich in die vier Phasen unterteilt hat, wie er sich auch bei erfolgreichen Unternehmen unterteilt:

▸ Phase 1 – Man wird nicht zur Kenntnis genommen.

▸ Phase 2 – Man wird belächelt.

▸ Phase 3 – Man wird bekämpft von denen, die neidisch feststellen, dass die Idee funktioniert.

▸ Phase 4 – Jeder will dazu gehören."

Der deutsche Philosoph Adorno sagte auch: „Eine Vision ist eine realistische Utopie." Nur wer den formellen Beweis erbringt, dass seine Utopie realistisch ist, wird bewundert.

Träumen heißt, Wegbereiter sein für Dinge, die noch nicht Wirklichkeit geworden sind. Und das heißt groß zu denken. Sich trauen, Dinge zu denken, die momentan noch sehr weit, weit weg erscheinen. Doch das Wichtigste am 'Big Picture' ist, dass es etwas mit Ihnen zu tun hat. Mit dem, was Sie berührt und für Sie Bedeutung hat. Greifen Sie nach den Sternen und trauen Sie sich verrückt zu sein. Wie wollen Sie in idealer Weise leben und arbeiten? Was wollen Sie erleben?

Starten Sie einfach, egal wie unperfekt es am Anfang ist. Alles scheint schwer, bevor es leicht wird. Als Future Zoomer wissen Sie, dass es wichtig ist, den 'Zukunftsmuskel' permanent zu trainieren, um ein Bild entstehen zu lassen und sich dann einzulassen, den nächsten großen Schritt zu denken.

Eine gute Möglichkeit, das zu tun, ist, sich auf eine Zeitreise in die eigene gute Zukunft zu begeben: Schreiben Sie eine Woche lang jeden Tag Ihr ideales Leben auf. Spielen Sie dabei mit den Zeiträumen. Was wollen Sie in zwei, fünf, zehn Jahren erleben? Auf was wollen Sie zurückschauen, wenn Sie 80 sind?

ÜBUNG | VISION ENTWERFEN

Um vom Kopf ins Herz zu kommen, schreiben Sie Ihre Zukunftsvisionen als Brief an einen guten Freund. Erzählen Sie einfach was 'jetzt' (also in zwei, fünf... Jahren) ist, wie sich alles in ihrem Leben – beruflich wie privat – bestens weiterentwickelt hat. Wichtig dabei: Nur 'good news' und keine Bescheidenheit. Formulieren Sie keck und mutig. Am besten gelingt das, wenn Ihre innere Haltung dabei positiv, stolz und dankbar gestimmt ist.

So könnte Ihr Brief beginnen:

Liebe Maria,

nun muss ich Dir unbedingt schreiben und Dir erzählen wie sich mein berufliches und privates Leben in den letzten zwei Jahren ganz nach meinen Vorstellungen weiterentwickelt hat. Stell Dir vor mittlerweile bin ich ....

Lassen Sie Ihrer Fantasie freien Lauf und gönnen Sie Ihrer Vision genügend 'Spinnerqualität'. Denken Sie vom Ende her, als ob Sie dort schon sind, das hilft, die Fantasie anzuregen und Selbstvertrauen aufzubauen.

Ein Arbeitsblatt dazu finden Sie unter: www.silvia-ziolkowski.de/fz-01

Verbinden Sie sich immer wieder mit Ihrer guten Zukunft und nutzen Sie Auszeiten, darüber nachzudenken. Das ist der erste Schritt, um sich mit Mut und Vertrauen auf den eigenen Lebensweg zu machen.

Psychologen haben herausgefunden, dass dies eine der wertvollsten Übungen ist, um sich langfristig glücklicher zu fühlen und das Gefühl der Machbarkeit aufzubauen. Entscheidend dabei: Das Prinzip der Schriftlichkeit.

Vielleicht fragen Sie sich, wenn es doch so einfach ist, wieso machen das dann nicht alle.

Martin Seligman, Begründer der positiven Psychologie hat herausgefunden, dass 80% der Menschen glauben, an ihrer Situation nichts ändern zu können, dass sie ohnmächtig sind gegenüber den Dingen, die um sie herum geschehen. Er nennt es auch 'erlernte Hilflosigkeit'.

Für mich gibt es noch zwei Gründe, warum wir so selten mit unserer Vision verbunden sind:

I.   Wir nehmen uns zu wenig und zu selten Zeit um das, was uns wirklich wichtig ist, zu erforschen (jeder Urlaub kriegt mehr Planungszeit).

II.   Wir nehmen uns nicht ernst genug.
Haben Angst vor der eigenen Courage und bleiben lieber in der bekannten 'Katastrophe', statt uns aus der Komfortzone zu bewegen und ein Risiko einzugehen.

Angst und Selbstzweifel halten uns mehr als alles andere davon ab, große Träume zu haben und Großes zu leisten. Meist malen wir uns Bilder aus, die alles andere als unterstützend sind. Halten fest an vergangenen Misserfolgen und konstruieren Zukunftsszenarien, die erschreckend grau und dunkel sind, statt bunt und großartig. Umso hilfreicher ist es, anzufangen, in die andere Richtung zu denken und die eigene Wunschzukunft schon mal vorweg zu nehmen.

ALS FUTURE ZOOMER WISSEN SIE,
DASS DER ERSTE SCHRITT AUS DER ANGST
DER UNBEDINGTE WILLE IST,
DIE EIGENE VISION LEBENDIG WERDEN ZU LASSEN.

„Es muss Musik machen"

lassen Sie ihre Augen leuchten

„Visionen sind nie vernünftig,
sie ermutigen Menschen kühn zu träumen
und leidenschaftlich zu leben."

Silvia Ziolkowski

Spüren Sie Ihre Vision! Visionen kommen immer aus unserem Inneren und haben sehr viel mit Emotion und unseren Werten und Motiven zu tun.

Sind Sie ein Abenteurer? Ein Querdenker? Jemand, der mehr besonnen ist? Egal! All das sind Inspirationsquellen für Visionen. Auch wenn Sie Trends nutzen, um Ihrer Vision näher zu kommen, muss es Sie im Inneren 'erwischen'. Die Resonanz, die Sie spüren und die Gänsehaut, die es erzeugt, sind entscheidend. Sonst nützt es nichts. Sonst bleibt es eine vernünftige Vorstellung von einer guten Zukunft. Allerdings sind aus reinen Vernunftsgründen nur wenige Menschen bereit, sich freiwillig für eine Sache oder ein Vorhaben zu engagieren. Eine Vision ist wie eine leidenschaftliche Liebe, die wir unbedingt erobern wollen. Sie verleiht Flügel und 'macht Musik in uns drin'.

Die Orientierungsgrößen dabei sind:

▸ Was kann ich?

▸ Was macht mir Spaß?

▸ Was ist meine Leidenschaft?

▸ Was ist mir wirklich wichtig?

Wenn ich etwas finde, was meine Leidenschaft nährt, dann geht vieles von alleine. Wenn ich tue, was ich liebe, verteidige ich es auch anderen gegenüber, dann bringt mich keiner so leicht von meinem Kurs ab.

Konrad Z, Mitte 40, ist Führungskraft in einem internationalen Konzern. Er plagt sich schon seit 10 Jahren mit der Frage herum, ob er nun endlich kündigen soll oder nicht. Der Job macht ihm seit Jahren keinen Spaß mehr. Die ständige Reiserei nervt ihn kolossal. Und die Kollegen findet er allesamt bescheuert. „Ich würde sofort gehen, wenn ich nur wüsste, was ich dann tun soll. Ich habe einfach Sorge, dass ich nichts finde, was mich erfüllt", beschreibt er seine Situation.

Ich habe mit Konrad entlang der oben vorgestellten Fragen gearbeitet. Herausgekommen ist ein Potpourri hochspannender Talente und Leidenschaften. Er setzt sich sehr mit interkulturellen Themen auseinander, ist begeisterter Musiker und interessiert sich brennend für die Geschichte Asiens. Je mehr er erzählte, umso mehr leuchteten seine Augen. Ja, das könne er sich vorstellen, sich noch mehr zu engagieren. Und als Marketingexperte könne er dann Unternehmen helfen die asiatischen Märkte besser zu verstehen. Einen Studiengang für asiatische Geschichte zu bele-

gen, das würde ihm total Spaß machen und die Sache ab-
runden.

Beim nächsten Coachingtermin hat er schon die möglichen
Studiengänge sondiert. Gemeinsam haben wir an dem
Thema weitergearbeitet. Für und Wider abgewogen und ein
Szenario für seine gute Zukunft entwickelt. Er hat gefunden,
was sein Herz berührt und was ihn im besten Sinne unruhig
macht. Ein paar Tage nach dem Termin erhalte ich eine Mail
mit den Worten: „...übrigens habe ich gestern gekündigt.
Danke dafür, dass ich mich jetzt wieder spüre." Darum
geht´s: Sich selbst wieder zu spüren, sich zu trauen, die
Komfortzone zu verlassen und ein Risiko einzugehen.

Erinnern Sie sich daran, wie es war, als Sie unbedingt etwas
wollten. Meist mussten wir dabei unsere Komfortzone verlassen. Denken Sie dabei ruhig an Ihre erste Liebe. Wie viele Umwege haben Sie in Kauf genommen? Wie viel Aus-
dauer haben Sie aufgebracht und wie viel Fantasie, um den
anderen für sich zu begeistern? Dieses Gefühl ist es, das
eine große Vision auslöst. Es lässt Sie Berge versetzen und
unglaubliche Hürden nehmen. Es zaubert ein Funkeln in Ihre
Augen.

Und damit sind wir bei einem weiteren Geheimnis großer
Visionen – sie dienen nicht nur uns selbst, sondern auch
anderen. Wenn die Vision größer ist als ich es selbst bin,
dann hat sie Langzeitwirkung und begeistert auch andere.
Denken Sie ruhig an Steve Jobs, der mit seinen iPods, iPads,
iPhones... die Welt revolutioniert hat. Sie müssen die Welt
nicht gleich revolutionieren. Oder doch?

Denken Sie jeden Abend vor dem Einschlafen an Ihre Vision, malen Sie sich diese in den schönsten Farben aus.

Färben Sie Ihr Unterbewusstsein damit. Spüren Sie das Glücksgefühl des Siegers. Spüren Sie, wie es sich anfühlt, am Ziel angekommen zu sein.

Es reicht, das Bild kurz, max. 5 Minuten, aufzubauen und es innerlich zu spüren. Ich nenne es gerne den Beat in uns drin wahrnehmen.

Dann lassen Sie das Bild los und schlafen selig ein.

Je öfter Sie dieses Bild aufbauen, umso intensiver werden Sie den Wunsch haben, Ihre Vision erreichen zu wollen und umso besser können Sie sich vorstellen dass es gelingt.

ALS FUTURE ZOOMER WISSEN SIE
UM DIE MACHT IHRER VORSTELLUNGSKRAFT
UND DER VERKNÜPFUNG MIT IHREN INNEREN GEFÜHLEN.

Schritt 2

Durchhalten: Visionsverfolgung

„Ich habe 30 Jahre gebraucht,
um über Nacht berühmt zu werden."

Harry Belafonte

Was wir am meisten unterschätzen, ist die Zeit, die es braucht, um eine Vision – einen Lebenstraum – Wirklichkeit werden zu lassen. Eine alte Marketingregel besagt, dass man drei bis fünf Jahre braucht, um am Markt sichtbar zu werden. Nicht anders ist es mit unseren persönlichen Visionen. Wir überschätzen, was wir in einem Jahr erreichen und unterschätzen kolossal, was wir in sieben bis zehn Jahren erreichen können. Damit wir diese Zeitspanne überwinden und so lange am Ball bleiben können, braucht es eine Strategie und die entsprechenden Werkzeuge. Als Future Zoomer verfügen Sie über einen ganzen Werkzeugkasten, der Sie bei Ihrer Visionsverfolgung unterstützt.

Nutzen Sie die Strahlkraft Ihrer Vision

„Glaubt ein Redner mit ganzem Herzen an eine Sache
und trägt sie in vollem Ernst vor,
so wird er Anhänger für seinen Fall gewinnen."

Dale Carnegie

Als erstes müssen Sie wissen, was es Ihnen bringt, wenn
Sie Ihre Vision verfolgen. Lohnt es sich wirklich, die Energie
zu investieren? Ist die Vision sexy genug? Kickt es Sie genügend? Das sind essentielle Fragen. Passiert das alles nicht,
dann ist die Vision zu klein. Sie hat nicht genügend Strahlkraft oder sie erwischt Sie noch nicht voll im Herzen. Die
Energie reicht dann nicht, um langfristig am Ball zu bleiben.

Also: Was haben Sie davon, wenn Sie sich auf den Weg
machen, um Ihre Vision zu verwirklichen? Wofür tun Sie das
alles?

Die meisten Menschen wissen recht schnell, weswegen sie sich auf den Weg machen wollen. Gründe sind häufig:

▸ „Ich bin glücklicher und erfüllter..."

▸ „Ich spüre mich wieder..."

▸ „Weil die Zeit reif ist..."

▸ „Weil ich den Sinn für mich dahinter erkenne..."

... und vieles mehr.

Im Workshop platzte es einmal aus einem Teilnehmer heraus: „Das weiß ich genau, warum ich das will. Ich habe einfach keine Lust mehr auf mein Gejammere. Mein Gott, bis jetzt war mir das noch gar nicht so bewusst".

Übrigens habe ich noch nie erlebt, dass sich jemand auf den Weg macht, damit er reich(er) wird. Das ist die Folge. Die Gründe sind immer tiefe Gefühle und Bedürfnisse. Es geht darum, sich selbst näher zu kommen und seinen Lebenstraum zu verwirklichen. Die amerikanische Wissenschaftlerin Sonja Lyubomirsky bestätigt das. Sie hat herausgefunden, dass wir unsere Ziele und Visionen dann mit besonderer Freude verfolgen, wenn wir daran wachsen können, wenn sie uns erlauben, emotional zu reifen und | oder wir damit einen gesellschaftlichen Beitrag leisten.

Wenn Sie sich Ihre Vision glaubhaft verkauft haben, dann geht es jetzt darum, ihr Umfeld zu überzeugen. Keiner gewinnt alleine und wenn Sie Ihre Vision Ihrem Partner, Ihrem Team oder Ihrem Chef nicht verkaufen können, dann ist sie oft genug zum Scheitern verurteilt.

Was hat also Ihr Umfeld davon, wenn Sie sich auf den Weg machen? Wenn Sie von Ihrer Vision überzeugt sind, hat Sie auch genügend Strahlkraft und Sie werden mühelos Gründe finden, die Sie auch ausdrücken können und die auch andere inspirieren.

Wenn Ihre Vision diese Hürde nicht nimmt, dann verabschieden Sie sich davon. Es war dann noch nicht das richtige Thema oder der richtige Zeitpunkt. Ein weiterer Grund könnte sein, dass gar nicht Sie das wollen, sondern andere (Vater, Mutter, Partner...). Seien Sie konsequent und streichen Sie das Ziel. Es wird Sie nicht glücklich machen.

Sie finden, das ist hart? Nur im ersten Augenblick. Wenn Sie die Entscheidung treffen, unpassende Ziele loszulassen, stellt sich schnell heraus, wie entlastend das ist. Die alten inneren Zweifel verschwinden und ans Licht kommt die eigentliche Vision.

Ein Arbeitsblatt dazu finden Sie unter: www.silvia-ziolkowski/fz-02

ALS FUTURE ZOOMER NUTZEN SIE DIESEN CHECK
ALS HILFSMITTEL FÜR IHRE ENTSCHEIDUNGEN.

Wo denken Sie hin?

„Unser Leben ist das,
wozu unser Denken es macht."

Marc Aurel

Erinnern Sie sich, am Anfang habe ich von altem Wissen gesprochen. Gerade bei dem Punkt geht es um Wissen, das zwar schon lange bekannt ist, dem wir aber erst in der jüngsten Vergangenheit wirklich Beachtung schenken.

Arthur Schopenhauer wusste, was das bedeutet: „Unsere Gedanken sind unser Schicksal. Geist wird zu Geld." Mit welchen unterstützenden oder hinderlichen Gedanken sind Sie unterwegs? Ist eher eine „Ja-aber" oder eine „Ich-habe-noch-alles-geschafft"-Stimme in Ihnen drin?

Wenn wir uns bewusst sind, was wir mit der Kraft der Gedanken für unsere Vision tun können, dann schalten wir automatisch den Turbo ein. Die Kaskade des Denkens, wie es Horst Buchholz nennt, läuft immer ab: Unsere Gedanken lösen Gefühle aus, unsere Gefühle lösen Handlungen aus, und unsere Handlungen letztendlich Ergebnisse.

Also: Was denken Sie über Ihre Vision? Was denken Sie über sich? Was über Ihre Firma? Ihre Familie? Ihren Partner? ... Wohin lenken Sie Ihren Blick? Auf die vermeintlich unüberwindbaren Hürden oder auf Möglichkeiten? Ein altes Sprichwort sagt: „Wer will, findet Wege, wer nicht will, findet Gründe." Finden Sie Wege, um sich auf Ihrem Weg gut begleiten zu lassen.

Eine Möglichkeit das zu üben ist, aus Problemen korrespondierende Ziele zu machen, aus Grüblergedanken Inspriationssätze.

ÜBUNG | BLICK LENKEN

Machen Sie sich eine Liste mit zwei Spalten und schreiben Sie links Ihre inneren Zweifler, Ihre Grüblergedanken auf. Drücken Sie diese ruhig unverblümt aus.

Notieren Sie, was Sie zu allen möglichen Gelegenheiten kritisch vorwurfsvoll hinzudenken. Je ehrlicher und offener Sie hier sind, umso besser können Sie gegensteuern.

Nutzen Sie dann die rechte Spalte und drehen Sie die Gedanken ins Positive um und machen Sie Ihre persönlichen Inspirationssätze und inneren Mutmacher daraus:

Meine inneren Zweifler	Meine Inspirationssätze
negative Glaubenssätze, Grüblergedanken, Probleme	Die Zweiflergedanken umdrehen und ins Positive formulieren.
Ich kann das nicht.	Ich kann alles, was ich will.
Es ist schwer, Kunden zu finden.	Wir haben eine Sogwirkung und unsere Kunden wollen unsere Leistung.

So werden aus Zweifeln stärkende Impulse. Jetzt sind Sie handlungsfähig und können überlegen, was Sie tun müssen, um es wahr werden zu lassen.

Ein Arbeitsblatt dazu finden Sie unter: www.silvia-ziolkowski.de/fz-03

Zusatzservice: www.smile-collector.com – hier können Sie alle stärkenden Gedanken online sammeln.

Bei Unternehmensworkshops mache ich gerne eine Gruppenübung zu diesem Punkt. Die Teilnehmer sammeln, was sie in ihrer Firma alles stört, über was sie sich aufregen, was sie für ungünstig halten, etc.

Bei einem Maschinenbauer in Norddeutschland war das besonders ausgeprägt. Die Gruppe schrieb vier Flipchartbögen voll und hätte wohl noch mehr gefunden, wenn die Zeit nicht abgelaufen wäre. Wir fingen dann an die Sätze umzudrehen und haben viele wertvolle Slogans und Inspirationssätze gefunden. Zum Beispiel wurde aus „unsere Leute sind oft so gleichgültig" „Auf mich kommt's an". Dieser Satz hat alle so begeistert, dass er als Slogan auf die Arbeitskleidung der Produktionsmitarbeiter gedruckt wurde.

Nach anfänglicher Skepsis, was das denn jetzt wieder solle, spürte man den kulturverändernden Effekt. Besonders wenn einer wieder mal meinte „ist doch egal", hat ihn ein Kollege daran erinnert, dass es sehr wohl auf ihn ankommt. Die Stimmung und die Verantwortungsübernahme haben sich über die Zeit sehr verbessert. Der Geschäftsführer berichtete mir auch, dass sie immer noch mit den Inspirationssätzen arbeiten und das Plakat mit den gefunden Sätzen von Abteilung zu Abteilung wandert, um sich an die Ziele zu erinnern.

Übrigens: Die Wissenschaft schätzt, dass von unseren ca. 60.000 bis 70.000 Gedanken, die uns täglich durch den Kopf schießen, durchschnittlich nur rund drei Prozent positiv, also konstruktiv sind. Produktive, aufbauende Gedanken also, die Gutes bewirken.

> „Auf Dauer nimmt die Seele
> die Farbe unserer Gedanken an"
> Mark Aurel

Es macht deshalb sehr viel Sinn, dass wir jeden Tag möglichst konstruktive, kraftvolle Gedanken entwickeln. Dass wir aus dem 'Autopilot-Denken' aussteigen. Für negative Gedanken brauchen wir keine Anleitung, die sind irgendwie von alleine da. Üben müssen wir, unterstützende Gedanken zu denken, das geht nicht von alleine.

Machen Sie den Test:

Erinnern Sie sich daran, wie jemand Sie gelobt hat. Wann war das? Wie war der Wortlaut? Wie haben Sie sich gefühlt?

Erinnern Sie sich nun daran, wie jemand Sie kritisiert hat. Fragen Sie sich die gleichen Fragen wie oben.

Meine Erfahrung: An Situationen, die uns betrübt haben, können wir uns sehr viel konkreter erinnern, als an die, die uns erfreut haben. Damit meine ich nicht Ausnahmesituationen, sondern eher alltägliche Begegnungen. Ebenso gelingt es uns sehr viel besser, uns zu kritisieren, als zu loben. Damit es Ihnen künftig gelingt, Ihre 'Jammersätze' wahrzunehmen und daraus Inspirationssätze zu machen, hilft Ihnen die Blick-lenken-Übung von oben.

Nutzen Sie dieses Werkzeug vor allem dazu, sich bewusst zu machen, was Sie so 'unbewusst vor sich hindenken' und aussenden. Die Umformulierung hilft Ihnen, zu erkennen, was Sie wirklich wollen und auch erwarten! Ich empfehle Ihnen, jeweils einen Ihrer Inspirationssätze als Monats- oder gar Wochenmotto sichtbar zu machen. Überlegen Sie sich, was dazu beitragen kann, dass dieser unterstützende Gedanke Wirklichkeit wird. Am besten wiederholen Sie den ausgewählten Satz mehrmals am Tag! Sie wissen ja, Wiederholung ist die Mutter des Könnens. Und das gilt auch für unsere Gedanken. Als Future Zoomer wissen Sie um die Kraft der Gedanken und um die tägliche Arbeit mit den Inspirationssätzen, um sich von innen heraus zu stärken.

Future Zoomer wissen, dass sie der 'Boss ihrer Gedanken' sind.

Den Preis bezahlen

—

Ballast abwerfen

„Man entdeckt keine neuen Erdteile,
ohne den Mut zu haben,
alte Küsten aus den Augen zu verlieren."

André Gide

Wenn Sie Ihre Vision wirklich erreichen wollen, geht das selten, indem Sie so weitermachen wie bisher. Es geht darum, Ballast abzuwerfen und loszulassen. Dieses Loslassen hat mehrere Dimensionen und gehört wohl zu den schwersten Aufgaben. Es geht darum, Dinge wegzulassen, sich von liebgewordenen Gewohnheiten zu trennen und letztendlich ist es entscheidend, wenn auch am schwersten und schmerzhaftesten, sich von den Menschen zu verabschieden, die Ihnen nicht mehr gut tun.

Als Future Zoomer wissen Sie um die Wirksamkeit dieses Prozesses und welche Schubkraft er Ihrer Vision gibt.

Was können Sie weglassen?

Eins der größten Probleme unserer heutigen Zeit ist KEINE ZEIT oder für alles zu wenig Zeit zu haben. Wir leben in einer 'Zuvielisation'. Alles ist zu viel – zu viele Optionen, zu viel Ablenkung, zu viele E-Mails, zu viel ...

Bestimmt fallen Ihnen auch noch Dinge ein, die Ihnen ZU VIEL sind. Wenn das so ist, was sehr wahrscheinlich ist, dann ist jetzt die Frage: Welche Dinge müssen Sie weglassen, um vorwärts zu kommen? Wo kriegen Sie die Zeit her, die es braucht, um die Ziele zu verfolgen, die Ihre Vision nähren?

Fangen Sie mit einfachen Dingen an, wie Newsletter oder Zeitungs-Abos abzubestellen. Ich hatte jahrelang ein Abo der Süddeutschen Zeitung und immer hat mir der ungelesene Stapel ein schlechtes Gewissen gemacht. An den Wochenenden habe ich dann versucht, die für mich wichtigsten Teile zu lesen, um wieder up to date zu sein. Wirklich hinterhergekommen bin ich allerdings nie. Irgendwann habe ich mich dann schweren Herzens entschieden, das Abo zu kündigen. Aber als ich es dann getan hatte, war das wie ein Befreiungsschlag. Kein Zeitungsstapel mehr, der mich bedroht. Und immer wenn ich Lust auf die SZ habe, dann hole ich mir eben eine, die ich dann auch mit viel Genuss lese.

Was sind ihre Zeitungsstapel? Prüfen Sie welche 'Verführer' auf Ihrem Weg liegen, die Ihnen so manches Mal wertvolle Zeit stehlen. Machen Sie eine To-Don´t Liste, um Freiraum zu erhalten.

> „Die Basis einer gesunden Ordnung
> ist ein großer Papierkorb."
> Kurt Tucholksy

Als Future Zoomer ist Ihnen bewusst, dass es immer mal wieder darum geht, Ordnung im Außen zu schaffen, weil sich dann auch ein Gefühl der inneren Ordnung herstellt.

Von was müssen Sie sich trennen?

Gewohnheiten sind der stärkste Klebstoff, sagt der Volksmund. Das ist die schlechte Nachricht daran. Die Gute Nachricht ist: Was wir uns angewöhnt haben, können wir uns auch wieder abgewöhnen, beziehungsweise wir können neue Gewohnheiten installieren. Mittlerweile ist allerdings nachgewiesen, dass es mindestens 30 Tage braucht, bis ein neues Verhalten in uns hineingekrochen ist und dann langsam zum Selbstverständnis wird.

Fragen Sie sich bei Ihren liebgewordenen Gewohnheiten, welche Ihrem Ziel dienen. Jeden Tag länger als gewollt im Internet surfen, Facebook bearbeiten, ausgiebig Zeitung lesen, ... Welche Gewohnheiten unterstützen Ihre Vision? Und dann fragen Sie sich, welche neuen Routinen Sie brauchen, um die Energie oben zu halten. Hier einige Anregungen: Jeden Morgen 30 Minuten lesen, an dem geplanten Buch schreiben, täglich kleine Fitnesseinheiten einbauen, ...

Oft braucht es nicht sehr viel, aber die Konsequenz und den Willen, es wirklich zu tun, braucht es schon. Schaffen Sie sich ein Ritual, bei dem Sie sich ungestört um Ihr Zukunftsprojekt kümmern können. Bei mir sind es die ersten 30 Minuten am Morgen, die ich dafür fest reserviert habe. Und was passt zu Ihnen?

Von wem müssen Sie sich verabschieden?

Puhh, mögen Sie jetzt denken. Was hat das denn mit meiner Vision, meinem Ziel, zu tun? Jede Menge, kann ich Ihnen sagen. Nicht nur, weil ich es selbst erlebt habe, sondern weil ich es auch in meinen Seminaren und Coachings erlebe. Wenn wir uns trauen, eine Verbindung, die uns schon lange nicht mehr gut tut, zu lösen, fühlt sich das oft an, als ob eine Last von unseren Schultern fällt. Spüren Sie mal in sich hinein: Welche Ihrer Beziehungen ist anstrengend für Sie? Bei wem denken Sie vielleicht, „Ach der | die schon wieder"? Bei wem fühlen Sie sich nach einem Treffen | Gespräch wie ausgewrungen? Ein Teilnehmer im Seminar sagte mal: „Ja, genau. Ich denke oft, das ist wie wenn mir der den Stecker zieht und ich keine Energie mehr habe." Wer zieht Ihren Stecker?

Wenn das schon lange so ist, wird es Zeit, sich, vor allem emotional, von diesem Menschen zu verabschieden. Lassen Sie ihn in Frieden ziehen. Wenn Sie sich trauen, was ich Ihnen empfehle, dann drücken Sie Ihre Gefühle aus. Bleiben Sie dabei ganz bei sich. Kein Fingerpointing: „Weil Du immer....", sondern „Ich spüre, mir tut Deine Lebenseinstellung nicht mehr gut. Ich möchte das nicht mehr."

Anna K., Salesmanagerin in einem Konzern, habe ich genau das empfohlen. Sie hat sehr unter den Schimpftiraden eines Kollegen gelitten, den sie an sich sehr schätzte. Beim gemeinsamen Mittagessen ist es dann passiert. Der Kollege beschwerte sich mal wieder über die andere Abteilung und hat kein gutes Haar an der Führung gelassen. Am liebsten wollte Anna gehen. Sie hat dann all ihren Mut zusammengenommen und endlich gesagt, was sie schon lange dachte: „Diesmal gehe ich zum letzten Mal mit dir zum Essen. Ich fühle mich in deiner Umgebung zunehmend unwohl und mag deine Jammersätze nicht mehr hören." Jetzt war's raus. Der Kollege war so perplex, dass er erstmal beleidigt abzog. Doch nach zwei Tagen tauchte er in ihrem Büro auf und hat sich bei ihr mit den Worten bedankt: „Meine Frau hat mir das auch schon öfter gesagt, aber ich habe es ehrlich gesagt nicht ernst genommen. Aber deine klare Ansage hat mich so erschreckt, dass ich lange darüber nachgedacht habe. Ich möchte dich bitten, mir zu helfen. Kannst du mich erinnern, wenn ich mal wieder anfange über die Firma und das Leben zu lamentieren?" Sie war völlig sprachlos, denn eigentlich hatte sie ein schlechtes Gewis-

sen, weil sie ihn so direkt angesprochen hatte und auch grad nicht sehr charmant zu ihm war.

Als sie mir die Geschichte im Coaching erzählte, strahlte sie über das ganze Gesicht und meinte: „Das werde ich jetzt öfter anwenden. Ich habe da noch so ein paar Kandidaten. Es tut richtig gut, sich zu trauen, Position zu beziehen."

Wer weiß, vielleicht gewinnen Sie auch alte Freunde in einer neuen Qualität zurück. Wenn nicht, so stehen Sie zu sich und Ihrem Gefühl. Es trügt Sie nicht.

Sich von alten Beziehungen zu trennen, gehört bestimmt zu den emotionalsten und berührendsten Herausforderungen. Wer will schon zugeben, dass es Menschen im eigenen Umfeld gibt, die einem nicht mehr gut tun. Dennoch ist es einer der befreiendsten Punkte, wenn man sich traut hinzuschauen. Alles hat seine Zeit. Vielleicht ist die Zeit mit dem Menschen, mit dem uns einmal sehr viel verbunden hat, abgelaufen. Alles hat seinen Preis und wenn Sie den nicht zahlen wollen, dann könnte es sein, dass Sie das davon abhält richtig durchzustarten. Nehmen Sie es dann als bewusste Entscheidung. Es war Ihnen dann eben wichtiger, mit dieser Person verbunden zu bleiben, als Ihre Vision zu verfolgen. Ich finde das völlig in Ordnung. Wichtig ist nur, dass Sie sich dessen bewusst sind und dann diesen Traum von Ihrer Liste streichen.

ALS FUTURE ZOOMER WISSEN SIE, WER SIE WACHSEN LÄSST UND VOM WEM SIE SICH VERABSCHIEDEN MÜSSEN, WEIL ER SIE KLEIN HÄLT ODER IHNEN ZU VIEL KRAFT RAUBT.

Das Wissen der Anderen

—

suchen Sie sich Unterstützer

„Mit einem Freund an der Seite ist kein Weg zu lang."

jap. Sprichwort

Es gibt keinen schnelleren Turbo für eine Vision als die richtigen Verbündeten. Immer wieder bin ich erstaunt, wenn ich höre, dass Menschen ihre Kontakte oder das Expertenwissen von Anderen nicht nutzen, um ihre Vision voranzubringen. Eine einfache Frage, die ich gerne stelle, lautet: „Was machen Sie, wenn Sie jemand um einen Austausch zu ihrer Expertise bittet?"

Würden Sie ablehnen oder sich auf einen Austausch einlassen? Meine Erfahrung: Sie würden sich auf einen Austausch einlassen. Die meisten von uns fühlen sich geehrt, wenn wir zu unserer Expertise befragt werden. Damit meine ich natürlich nicht, dass Sie Ihr komplettes Fachwissen kostenfrei hergeben sollen, sondern einen ersten Austausch zulassen.

Und warum macht es dann fast keiner? Für mich ist das eines der Geheimnisse, ob Sie vorwärts kommen oder nicht. Ob Sie sich trauen aus Ihrer Komfortzone zu gehen und das 'Weltwissen' anzuzapfen. Mehr als ein Nein können Sie nicht bekommen.

Ich möchte Ihnen gerne von einem meiner Kunden erzählen, der das vorbildlich nutzt: Als stark expandierendes Unternehmen wagt er sich in immer neue Märkte vor.

Das nächste angestrebte Ziel für den ehrgeizigen Mittelständler war Lateinamerika. Bevor er sich allerdings auf den Weg nach Lateinamerika machte, hat er Menschen und Unternehmen gesucht, die ihm etwas zu den Themen sagen konnten, die für ihn wichtig waren: „Wir hatten einige Termine in Deutschland, um mehr Verständnis für Land | Leute | Kultur und Unternehmertum vor Ort aufzubauen. Das hat uns wertvolle und wichtige Kontakte in Lateinamerika ermöglicht. Als wir dann vor Ort waren, haben wir nicht nur unsere zukünftigen Kunden besucht, sondern auch Mitbewerber, mögliche Partner und Experten, die uns allesamt sehr offen empfangen haben und ihr Know-how mit uns geteilt haben. So entstand ein enges Netzwerk, das uns mit viel wertvollem Wissen und weiteren Kontakten versorgt hat."

Ich finde diese Vorgehensweise sehr klug und nachahmenswert. Für den Inhaber war klar: Keiner gewinnt alleine und er muss auch nicht jede Erfahrung selbst machen, die die Unternehmen, die bereits vor Ort tätig sind, schon gemacht hatten.

Das Wissen der Anderen ist eine Geheimwaffe, die unserer Vision den Turbo verleiht. Dazu gehören neben wertvollen Kontakten noch weitere Verbündete. Diese Personen kommen aus verschiedenen Bereichen und haben verschiedene Rollen. Nutzen Sie die, die Ihnen liegen und gut tun:

‣ Die MOTIVATOREN
Sie gehören zu unserem engsten Umfeld. Sie glauben an uns und ermuntern uns bei 'Durchhängern'. Außerdem sind das die, die Fortschritte oft besser und schneller erkennen als wir selbst.

‣ Die MENTOREN
Sie stehen uns mit Rat und Tat zur Seite. Stehen uns als Sparringpartner zur Verfügung und haben Know-how auf dem Gebiet, das wir anstreben. Oft sind das 'alte Hasen' mit viel Lebenserfahrung.

‣ Die EXPERTEN
Das sind die Menschen, die uns aufgrund ihrer Expertise nützlich sein können. Sie haben schon das ein oder andere ausprobiert, haben die nötigen Kontakte oder sind vielleicht schon da, wo wir hinwollen.

‣ Das VISIONSTEAM
Eine Gruppe Gleichgesinnter, die auf einem ähnlichen Stand sind und sich über mindestens ein Jahr regelmäßig treffen und gegenseitig begleiten. Die helfen vor allem unser Commitment uns selbst gegenüber einzuhalten, weil sie auch eine Art Controller-Funktion ausüben.

Überlegen Sie genau, wer Sie bei Ihrem Vorhaben unterstützen kann und welche Rolle Sie der Person zugedacht haben.

Malen Sie einen Kreis, wie im Bild dargestellt.

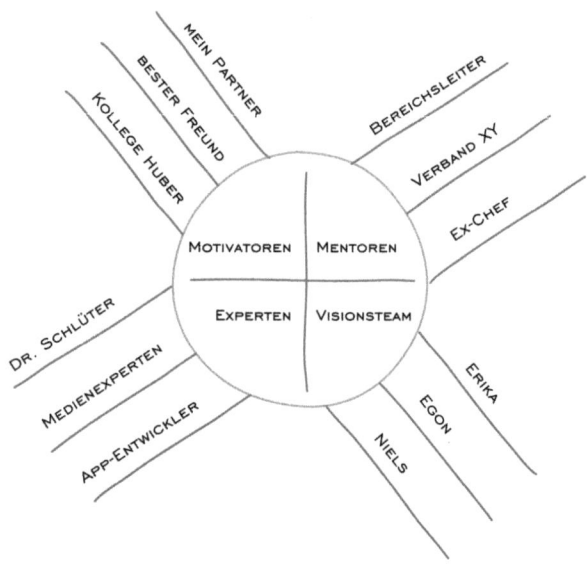

Nun suchen Sie sich zu jedem der Quadranten mind. drei Menschen, die Sie bei Ihrem Vorhaben unterstützen könnten.

Schreiben Sie alle Personen auf, die Ihnen einfallen. Danach wählen Sie Ihre Favoriten aus.

Mit denen beginnen Sie vorrangig Gespräche zu führen.

MOTIVATOREN

▸ Welche Rolle habe ich den einzelnen Personen zugedacht?

▸ Was genau möchte ich mit deren Unterstützung erreichen?

▸ Welcher davon ist mein wichtigster Unterstützer?

MENTOREN

▸ Wo finde ich einen passenden Mentor?

▸ Gibt es Verbände | Vereinigungen die Mentoring anbie-
ten?

▸ Wer in meinem Umfeld würde sich als Mentor für mein
Vorhaben eignen?

▸ Wen hätte ich gerne als Mentor?

▸ Und wie könnte ich ihn für meine Sache gewinnen?

EXPERTEN

▸ Wobei genau kann mich der Experte unterstützen?

▸ Welche Fragen habe ich an ihn?

▸ Mit welchen weiteren Kontakten könnte der Experte
mich vernetzen?

‣ Wer steht an einer ähnlichen Stelle wie ich?

‣ Gibt es ein Netzwerk, wo ich mich einklinken kann?

‣ Sind das Menschen, die ebenso ernsthaft an ihrer eigenen Vision arbeiten, so dass sie bereit sind, sich mindestens ein halbes Jahr lang mit mir regelmäßig auszutauschen?

Ein Arbeitsblatt dazu finden Sie unter: www.silvia-ziolkowski.de/fz-04

DAS WICHTIGSTE

Wenn Sie Ihre Entscheidung über Ihren Unterstützerkreis getroffen haben, dann nehmen Sie sobald wie möglich Kontakt mit diesen Personen auf. So nutzen Sie das 'Momentum', also die Energie, die Sie durch Ihre Überlegungen aufgebaut haben.

Erzählen Sie Ihren ausgewählten Begleitern Ihre Beweggründe, warum Sie sie ausgesucht haben. Das hilft die erste Hürde zu nehmen und Offenheit für Ihr Anliegen zu schaffen. Erst dann berichten Sie von Ihrem Vorhaben und bitten um Unterstützung. Wenn Ihnen dass zu keck erscheint, können Sie auch einen kleinen Trick oder Umweg nutzen und fragen, ob die Person jemanden kennt, mit dem Sie sich zu Ihrem Vorhaben austauschen können bzw. der Ihnen hier weiterhelfen kann.

Neben all den aktiven Unterstützern, die Sie sich suchen können, macht es auch sehr viel Sinn, sich selbst zu engagieren. Vielleicht gibt es einen Verband, eine Organisation, eine Initiative ..., die Ihr Thema streift und bei der Sie ehrenamtlich tätig sein können. Nutzen Sie diese Chance und bringen Sie sich ein. Auch so kommen Sie zu interessanten, wertvollen Kontakten und tun gleichzeitig noch etwas für Ihre Seele.

ALS FUTURE ZOOMER NUTZEN SIE
DIE KRAFT DES MITEINANDERS.
FÜR SIE IST GEBEN UND NEHMEN
EIN NATÜRLICHES BEDÜRFNIS.

Erfolgreich scheitern

—

lernen Sie Rückschläge zu meistern

„Lache nicht über jemanden,
der einen Rückschritt macht,
er könnte Anlauf nehmen."

unbekannt

Vielleicht fragen Sie sich gerade, wie man erfolgreich scheitern kann? Gescheitert ist gescheitert, oder? Nein, ist es nicht. Denn der allergrößte Unterschied ist, wie Sie sich darauf vorbereitet haben, beziehungsweise wie Sie mit Hindernissen und Rückschlägen umgehen.

Deshalb beschäftigen Sie sich am Anfang bereits mit den Punkten die Sie auf Ihrem Weg behindern könnten. Hilfreich sind hier folgende Fragen:

- Was müsste ich tun | unterlassen, um mit meinem Vorhaben zu scheitern? Was könnte mein Ziel erfolgreich sabotieren?

Sammeln Sie Gründe und schauen Sie genau hin. Vor allem bei den Punkten die Sie selbst beeinflussen können, also die 'Schweinehund-Punkte'.

- Welches Bein könnten Sie sich selbst stellen?

Zum Beispiel könnten Sie sich mit Routinearbeit blockieren, so dass gar keine Zeit bleibt, Ihr Ziel zu verfolgen. Oder Sie sind andauernd für Andere da und reden sich ein, dass dies absolut nicht anders möglich gewesen wäre, weil.... Wirklich?

Wenn Sie diese Sabotage-Liste haben, dann überlegen Sie, wie Sie gegensteuern könnten und welcher Gewinn vielleicht sogar in einem Rückschritt für Sie liegt. Neigen Sie evtl. dazu, sich zu viel aufzuladen und der Gewinn wäre, zu erkennen, dass alles seine Zeit braucht und es in Ordnung ist, kleine Schritte zu gehen?

Nutzen Sie die Botschaften und Informationen, die Sie erkennen, um sie auf Ihrem Weg zu berücksichtigen und einzubauen. Das hält Sie vorbereitet und hilft die Frustrationstoleranz zu erhöhen.

Dennoch wird es Rückschläge geben und Sie werden Sie verarbeiten müssen. Rückschläge kann man als Hindernisse, verlorene Zeit, vergeudete Energie ansehen. Oder man kann Rückschläge als wertvolle Botschaften ansehen und Sie in eine Set-Back-Strategie einbauen.

Dazu gibt es noch zwei 'Zauberfragen', die ich von Brian Tracy, dem Autor des Buches 'Thinking Big' übernommen habe. Sie gefallen mir deshalb so gut, weil sie beide das Gute betonen:

‣ Was habe ich richtig gemacht?

‣ Was würde ich anders machen?

Nutzen Sie diese Fragen, um für zukünftige Situationen bereits eine Strategie zu haben. Sie helfen Ihnen auch, konstruktiv auf Fehler und Rückschläge zu schauen. Oder um es mit Reinhold Messner, dem Extrembergsteiger, zu sagen: „Wir lernen weniger aus dem Gelingen, sondern aus Fehlern und aus dem Scheitern."

Wenn wir Rückschritte als hilfreiche Wegweiser betrachten, wie es nicht geht, was unbedingt noch zu beachten ist und auf welche aktuellen Ereignisse Bezug zu nehmen ist, dann gewinnen wir gleichzeitig Informationen darüber, wie es gehen kann. Es hilft uns zu sehen, welche Strategien erfolgreich sein können und welche Wege sich sonst noch anbieten.

Ein Arbeitsblatt dazu finden Sie unter: www.silvia-ziolkowski.de/fz-05

ALS FUTURE ZOOMER NUTZEN SIE DIE SET-BACK-STRATEGIE, UM AUCH IN SCHWIERIGEN SITUATIONEN HANDLUNGSFÄHIG ZU BLEIBEN.

Schritt 3 –

Siegen: Visionsumsetzung

„Fang heute an, kühn zu handeln!
In dem Moment, wo du dich einer Sache
wirklich verschreibst,
rückt der Himmel in deine Reichweite."

Johann Wolfgang von Goethe

Holen Sie sich Ihre persönliche Goldmedaille! Siegen hat etwas mit Leidenschaft, dem unbedingten Glauben an sich selbst und dem Ziel zu tun. Brennen Sie für Ihren Traum? Spüren Sie den Beat, die Lust, Ihre Vision auch umzusetzen? Viele Prüfungen hat Ihre Vision jetzt schon überstanden. Jetzt geht es darum, Ihr 'Baby' zum Fliegen zu bringen. Dem Lichtstreif am Horizont zu glauben. Jeder Sportler kennt das Gefühl des Siegers und die Lust auf den Sieg. Erster sein. Ankommen. Gefeiert werden. Das ist der Lohn des Siegers. Was es dazu braucht, ist der leidenschaftliche Wunsch, es zu schaffen, kombiniert mit den konkreten Schritten dorthin.

Mit Babysteps zum Ziel

—

Etappenziele festlegen

„Der Unterschied zwischen einem Traum
und einem Ziel ist die Tat."

unbekannt

Viel wichtiger als einmal einen Gewaltschritt zu machen,
um richtig vorwärts zu kommen, ist die tägliche Arbeit an
Ihrer Vision. Zu Viele haben auf dem Weg schon aufgegeben, weil es Ihnen zu schwer wurde, sie es nicht mehr un-
terbrachten, ...

*Ein Beispiel mag dies verdeutlichen. 1999 haben ein guter
Freund und ich gleichzeitig begonnen, uns um unsere Musi-
kalität zu kümmern. Er wollte Klavierspielen lernen und ich
besser singen. Beide haben wir beschlossen, Unterricht zu
nehmen. Ich: Alle 14 Tage eine Gesangsstunde. Er: 2x die
Woche eine Klavierstunde. Ich war beeindruckt und habe
mich gefragt, wie er das als Inhaber eines wachsenden Un-*

ternehmens und Vater von zwei kleinen Kindern unterbringt. Seine Antwort: „Ich will ja vorwärts kommen. Wenn, dann richtig, sonst macht es ja keinen Sinn." Ich fühlte mich Anfangs fast ein wenig schlecht mit meinem Miniprogramm und sah ihn schon virtuos Klavierspielen und mich immer noch bescheiden singen.

Die Realität war dann anders. Er hat nach nur sechs Monaten entnervt aufgegeben. Die Freude ist dem Druck gewichen und die vorgenommenen Klavierstunden sind Opfer des vollen Terminkalenders geworden. Ich habe mit meinen Baby-Steps munter weitergemacht, viel Spaß dabei gehabt und meine Stimme kontinuierlich verbessert. Der Unterschied: Mein Anspruch und meine Erwartung waren angepasst an meinen Alltag. Ich wusste, dass ich nicht mehr Zeit erübrigen kann.

Weiter oben habe ich bereits von dem Phänomen berichtet, dass wir überschätzen, was wir in einem Jahr schaffen und unterschätzen was in sieben bis 10 Jahren möglich ist. Uwe Böning, Coach und Trainer, drückt das so aus: „Ein wichtiger Aspekt ist es, kleine Schritte zu machen. Den Nahbereich, den man mit seiner Kompetenz bedienen kann, zu bearbeiten, da etwas Neues zu machen – und dann weiterzugehen".

Erobern Sie also Schritt für Schritt Neuland.

Gelegentlich ein großer Sprung, etwas Wagemut zwischendurch ist wichtig, aber als Dauervorgehensweise nicht zu empfehlen.

Ein weiterer wichtiger Aspekt ist die gute alte 72 Stunden-Regel: Führen Sie den ersten Schritt Ihres Vorhabens innerhalb von 72 Stunden durch, sonst laufen Sie Gefahr, es gar nicht zu tun. Dieses Phänomen kennen wir zum Beispiel von besuchten Veranstaltungen, von wo wir einen Sack voll Impulse und Ideen mit nach Hause nehmen. Sie landen auf einem Stapel und... Tja, nix mehr. Vergessen. Überlagert von all dem Neuen, das auf uns einströmt. Wenn Ihnen das nicht passiert, Gratulation. Sie beherrschen diese wertvolle Regel bereits. Ausgestattet mit diesem Wissen möchte ich Ihnen noch eine unterstützende Übung anbieten.

Übung | Zieltreppe

I.   Unterteilen Sie Ihr Vorhaben in Etappenziele

II.   Machen Sie für jedes Etappenziel nacheinander eine Zieltreppe, wie im Bild unten

III.   Beantworten Sie sich die Fragen je Treppenstufe

Orientieren Sie sich an der Zieltreppe beim Voranschreiten und stellen Sie sich diese Fragen ruhig immer wieder.

Ein Arbeitsblatt dazu finden Sie unter: www.silvia-ziolkowski.de/fz-6

Als Future Zoomer nutzen Sie
das Geheimnis der Babysteps
und ihre motivierende Wirkung.

Visionslogbuch schreiben

—

erhöhen Sie
die Wahrnehmung

„Nur geschriebenes Denken
ist konstruktives Denken."

Claudia Kimich

Um Ihre erreichten Ziele auch genügend wahrzunehmen
und zu würdigen, empfehle ich Ihnen ein Visionslogbuch zu
schreiben. Es stärkt Sie vor allem dann, wenn Sie das Gefühl haben, nicht vorwärts zu kommen oder wenn Sie Rückschläge verarbeiten müssen. Es hilft Ihnen, den Blick auf die
Dinge zu lenken, die bereits gelungen sind.

Der Nutzen und die Wirkung eines solchen Instrumentes,
also das schriftliche Festhalten der Erfolge, sind mehr als
einmal nachgewiesen. Ich möchte Sie deshalb ermuntern,
dieses Tool von Anfang an mit einzubauen. Es wird Sie begleiten, stützen und stolz machen, wenn Sie nachlesen kön-

nen, was Sie schon alles geschafft haben. Nutzen Sie es auch, um Ihre Inspirationssätze festzuhalten.

Besorgen Sie sich ein schönes Buch, das Sie anspricht, in das Sie gerne reinschreiben, das erhöht die Lust. Wenn Sie mehr der virtuelle Typ sind, dann machen Sie sich einen privaten Blog oder nutzen Sie den Smile-Collector – beides können Sie Ihren wichtigsten Unterstützern zugänglich machen. So ermöglichen Sie gleich Interaktion und innere Verpflichtung. Wenn wir unsere Ziele mitteilen und dann von den Erfolgen berichten, ist das ein Beschleuniger und eine Möglichkeit, unseren inneren Schweinehund auszutricksen, weil wir ja andere teilhaben lassen.

Sich täglich mit dem zu beschäftigen, was gelungen ist, für was andere uns schätzen und für was sie uns wertschätzen, dient unserem Selbstwert ungemein. Und je regelmäßiger und öfter Sie das tun, umso mehr werden Sie erkennen, wie sehr Sie das stärkt und über so manche Hürde trägt.

ALS FUTURE ZOOMER NEHMEN SIE SICH TÄGLICH ZEIT,
IHRE KLEINEN ERFOLGE,
POSITIVEN ERLEBNISSE UND WERTSCHÄTZUNGEN
WAHRZUNEHMEN UND AUFZUSCHREIBEN.
SIE STÄRKEN SO IHR SELBSTBEWUSSTSEIN.

ZUSATZSERVICE

WWW.SMILE-COLLECTOR.COM – hier können Sie Ihre täglichen Fortschritte, positiven Feedbacks, etc. online sammeln.

Bitte probieren Sie es aus. Es macht Spaß und ist völlig kostenlos für Sie.

Erinnern Sie sich

—

Optimismus verankern

„Viele Menschen wissen,
dass sie unglücklich sind.
Aber mehr Menschen wissen nicht,
dass sie glücklich sind."

Albert Schweitzer

Wenn wir eine Reise planen, erinnern wir uns gerne an vergangene Reisen und gemachte Erfahrungen. Wir spüren förmlich das Meer, die Entspannung und die schönen Augenblicke. Und verankern so, dass Reisen Spaß macht.

Genau so können wir es mit unseren Erfolgen tun:

▸ Was ist bereits gelungen?

▸ Mit welchen unserer Talente haben wir schon in der Vergangenheit gepunktet?

Notieren Sie mindestens 10 Punkte, auf die Sie stolz sind. Erinnern Sie sich:

▸ Welche Hürden haben Sie genommen?

▸ Wo haben Sie sich aus Ihrer Komfortzone getraut und sind danach froh gewesen?

▸ Welche anderen stolzen Momente und Augenblicke gab es bereits in Ihrem Leben?

Hören Sie hin, wenn Kollegen, Freunde und andere, Ihnen nahestehenden Personen davon sprechen, was sie an Ihnen toll finden und für was sie Sie bewundern und schätzen.

Finden Sie Beweise für Ihr jetziges Vorhaben! Wenn Sie das damals geschafft haben, dann können Sie das jetzt auch... Einer meiner stärksten Beweise ist, dass ich mit 20 in die USA gegangen bin und dort einige ziemlich aufregende Herausforderungen gemeistert habe. Und immer denke ich: „Wenn ich das damals mit all meiner Unwissenheit gepackt habe, dann packe ich das jetzt allemal."

Mit diesem Schritt können Sie sich innerlich aufladen und auch erinnern, zu was Sie alles fähig sind. Nutzen Sie es ausgiebig, um Energie für Ihre Vision zu sammeln. Fragen Sie ganz bewusst auch Ihre Unterstützer, wieso diese glauben, dass Sie Ihr Ziel umsetzen werden. Sie werden erstaunt sein, was Sie hören. Wichtig dabei: Beschwichtigen Sie nicht. Nehmen Sie ernst, was der andere zu sagen hat, er meint das auch so.

Ein Arbeitsblatt dazu finden Sie unter: www.silvia-ziolkowski.de/fz-07

Wertvoll sind die gesammelten Erfolge und gemeisterten Herausforderungen auch dann, wenn Sie das Gefühl haben, dass Sie nichts zu Stande bringen und Ihr innerer Kritiker mal wieder recht laut ist. Steuern Sie dagegen, indem Sie sich an all das erinnern, was Sie schon gemeistert haben. Das gelingt besonders gut, wenn Sie Ihre Erfolge schriftlich festgehalten haben. Dann steht es da schwarz auf weiß und das lässt auch die 'Meckerstimme' in Ihnen wieder leiser werden.

Nutzen Sie deshalb gleich das Arbeitsblatt und schreiben Sie alles auf, was Ihnen einfällt, dann sind Sie gerüstet, wenn Ihr Selbstbewusstsein anfängt zu bröckeln.

ALS FUTURE ZOOMER VERBINDEN SIE SICH IMMER WIEDER
MIT IHREN VERGANGENEN ERFOLGEN
UND NUTZEN DIE EINSCHÄTZUNG IHRER UNTERSTÜTZER.

Geniessen Sie Ihre Erfolge

—

Feiern und würdigen

„Angesichts der Kürze unseres Lebens
ist es mehr als verwunderlich,
dass wir uns nicht mehr Zeit zum Leben nehmen."

Ernst Ferstl

Zum Siegen gehört auch das Feiern! Das Bild, das sich dabei in meinem inneren Auge aufbaut ist die Siegerehrung bei der Formel Eins. Der Sieger begießt seinen Erfolg nach jedem Rennen mit Champagner-Fontänen und wird von allen ordentlich gefeiert. Jawohl, das macht Spaß!

Übertragen heißt das, dass nicht nur der Endsieg gefeiert wird, sondern auch die Etappenziele.

Überlegen Sie sich im Vorfeld, nach welchen Stepps Sie innehalten wollen, um sich zu belohnen. Zum Beispiel könnte das der fertige Projektplan sein, wo Sie alle Meilensteine und Etappenziele festgelegt haben. Vielleicht belohnen Sie sich danach mit einem freien Nachmittag, den Sie im Cafe mit einem Freund | einer Freundin verbringen.

Wenn Sie das im Vorfeld als Entschluss festlegen, wird Sie das ziehen und Vorfreude auslösen. Manches Mal hilft es auch, noch eine Hürde zu nehmen, weil wir wissen, dass die Belohnung wartet.

ÜBUNG | MEILENSTEINE FEIERN

Machen Sie sich eine Liste mit den wichtigsten Meilensteinen und was Sie sich dafür gönnen wollen. Wenn andere Sie dabei unterstützt haben, diesen Punkt zu erreichen, dann wollen Sie diese vielleicht daran teilhaben lassen.

ETAPPENZIEL das habe ich erreicht	BELOHNUNG damit belohne ich mich	MENSCHEN mit diesen Menschen möchte ich das feiern
Projektplan ist fertig	Freier Nachmittag	Treffen mit Gabi im Cafe
Etappenziel 1	Ich köpfe eine Flasche Champagner.	Mit meinem Partner.

Ein Arbeitsblatt dazu finden Sie unter: www.silvia-ziolkowski.de/fz-08

In Unternehmen hat der Punkt des Feierns und Würdigens etwas mit der gelebten Unternehmenskultur zu tun.

Die meisten erfolgreichen Unternehmen haben diese Kultur etabliert. Sie würdigen verdiente Mitarbeiter und feiern ihre Erfolge.

Machen Sie es genauso und etablieren Sie dieses Instrument als wertvolles Ritual, um Ihre Erfolge bewusst zu genießen und wahrzunehmen.

ALS FUTURE ZOOMER GEHÖRT ES FÜR SIE DAZU,
SICH AUCH BEI SICH SELBST ZU BEDANKEN
UND SICH FÜR ERREICHTE ZIELE ZU BELOHNEN.

100%iges Commitment zu meinem Traum

„Denke immer daran, deine eigene Entschlossenheit,
erfolgreich zu sein, ist wichtiger als alles andere."

Abraham Lincoln

Last but not least: Bei allen Zielen und Visionen, die wir
haben, ist die hundertprozentige Verpflichtung zum Ziel, der
alles entscheidende Unterschied, ob mein Ziel gelingt oder
doch nur ein Traum bleibt.

Das Wichtigste bei diesem Punkt ist, zu verstehen, dass er
sehr viel mit der eigenen Verlässlichkeit zu tun hat.

▸ Kann ich mich auf mich verlassen?

▸ Bin ich bereit, die Opfer zu bringen, die mein Ziel von mir
   erfordert?

Wenn Sie hier ein großes innerliches „JA!" haben, dann
empfehle ich Ihnen, einen Vertrag mit sich selbst zu machen (Beispiel siehe Folgeseiten). Das hilft, sich nochmal

bewusst zu werden, was es genau bedeutet und außerdem unterstreicht dieser, dass Sie sich ernst nehmen.

Nichts macht uns Menschen mehr stolz und verleiht uns mehr Selbstvertrauen, als uns treu zu sein und unsere Vorhaben auch umzusetzen. Deshalb sind die Babysteps so bedeutend, weil sie schaffbar sind und uns dadurch bestätigen, dass wir dran bleiben können.

FUTURE ZOOMER WISSEN, DASS EIN STARKES COMMITMENT, ALSO DIE ENTSCHLOSSENHEIT AN DER EIGENEN VISION ZU ARBEITEN, UNS ZUM HANDELN UND DRANBLEIBEN BRINGT.

Vertrag mit mir selbst

Ich, ...,
verpflichte mich, alles daranzusetzen, meine Vision zu ver-
wirklichen.

Meine Vision lautet:

....

Meine Vision ist mir so viel wert, dass ich meine Prioritäten
so ausrichte, dass ich täglich an den Zielen für meine Vision
arbeite.

Dabei ist jeder Schritt, egal ob groß oder klein, wertvoll und
zählt.

Ort | Datum:............................

Unterschrift: ....

Ein Arbeitsblatt dazu finden Sie unter: www.silvia-ziolkowski.de/fz-09

Lassen Sie mich mit einem Zitat von Ralph Waldo Emerson enden:

„Viel zu lachen, die Liebe von Kindern zu gewinnen, den Verrat falscher Freunde zu ertragen, die Welt zu einem ein klein wenig besseren Ort zu machen, als es war, bevor wir in sie hineingeboren wurden, die gesellschaftlichen Verhältnisse in irgendeiner Beziehung verbessern oder einem Menschen helfen, gesünder zu werden, zu wissen, dass ein Leben leichter atmet, seit du lebst, das ist Erfolg!"

...nach diesem Bild eines gelungenen Lebens streben Future Zoomer! Gönnen Sie sich die Magie, den Zauber und die Faszination für die Vision Ihres Lebens. Werden Sie zum Future Zoomer, der um die Kraft der Vision auf der einen Seite und um die Gestaltungsmöglichkeiten des Hier und Jetzt auf der anderen Seite weiß.

FUTURE ZOOMER WISSEN, WO ES LANG GEHT!
WERDEN SIE ZUM FUTURE ZOOMER — ES LOHNT SICH!

Liebe Leserin, lieber Leser,

herzlichen Glückwunsch. Sie sind auf dem besten Weg zum Future Zoomer.

Ich freue mich sehr, dass ich Sie bei Ihrem Prozess mit Future Zooming® begleiten durfte. Diese vermeintlich so einfache Strategie hat Langzeitwirkung und kann auf viele Entscheidungsprozesse angewendet werden. Probieren Sie es aus, auch wenn ein Jobwechsel ansteht oder andere weitreichende Veränderungen Ihnen den Schlaf rauben.

Sie finden im Weiteren den Prozess nochmals im Überblick, den Sie für sich als 'Quick-Check' nutzen können. Des Weiteren habe ich einige Arbeitsblätter für Sie vorbereitet, die Sie sich völlig kostenlos auf meiner Webseite unter www.silvia-ziolkowski.de/fz herunterladen können.

Zukunftsentwicklung hört nie auf!

Bleiben Sie dran und trainieren Sie Ihren Zukunftsmuskel permanent. Es garantiert Ihnen ein aufregendes, selbstbestimmtes Leben, das Sie mutig voranschreiten lässt.

Übrigens: Auch mir hilft die Strategie des Future Zoomings, immer wieder auf Spur zu bleiben und meine Ziele zu verfolgen. Das erste Mal, als ich beschlossen habe, das IT-Unternehmen, das ich mit aufgebaut hatte, zu verlassen, um meine weiteren Träume zu leben. Future Zooming® hat mir damals geholfen, die Entscheidung zu treffen und hat mich mit viel Zuversicht und Motivation auf den Weg geschickt.

So danke ich Ihnen herzlich, dass Sie sich von mir haben inspirieren lassen und würde mich über eine Buchrezension von Ihnen sehr freuen. Lassen Sie uns in den Dialog treten. Sie erreichen mich unter: sz@silvia-ziolkowski.de

Die Future Zooming® Erfolgsregeln

- ▸ Machen Sie Ihr Visions-Projekt für sich sichtbar!

- ▸ Besorgen Sie sich einen starken Anker
(Symbol | Talisman...).

- ▸ Denken Sie täglich 3-5 Minuten an Ihre Vision und dann lassen Sie los und erledigen das, was jetzt ansteht mit Lust.

- ▸ Suchen Sie sich einen Unterstützer | Freund mit dem Sie sich gut austauschen können (keinen Ja-Sager ;-)).

- ▸ Schreiben Sie ein Erfolgs- | Freudetagebuch
(z.B. www.smile-collector.com).

- ▸ Machen Sie sich täglich klar, was der nächste kleine Schritt für Ihr Projekt ist.

- ▸ Kommen Sie ins TUN und setzen Sie die kleinen Schritte auch um.

- ▸ Übernehmen Sie 100% Verantwortung für Ihr Leben.

- ▸ Gönnen Sie sich Auszeiten und haben Sie Freude und Spaß.

- ▸ Seien Sie diszipliniert und nehmen Sie sich und Ihre Vorhaben ernst.

- ▸ Seien Sie dankbar und haben Sie Respekt vor sich selbst und Anderen.

- ▸ Gehen Sie mutig und entschlossen Ihren Weg.

- ▸ Achten Sie auf förderliche Gedanken
– das ist Mentalkraft.

- ▸ Werden Sie EINZIGARTIG!

Hinweise & Tipps

„Es gibt kein großes Genie
ohne einen Schuss Verrücktheit."

Aristoteles, 384 - 322 v. Chr.

„Auf Dauer nimmt deine Seele
die Farben deiner Gedanken an."

Marc Aurel, 121– 180 n. Chr

„Sobald der Geist auf ein Ziel gerichtet ist,
kommt ihm vieles entgegen."

Johann Wolfgang von Goethe, 1749 - 1832

„Ein Traum ist unerlässlich,
wenn du die Zukunft gestalten willst."

Victor Hugo, 1802-1885

„Es kommt nicht darauf an, die Zukunft vorauszusagen,
sondern darauf, auf die Zukunft vorbereitet zu sein."

Perikles, um 500 - 429 v. Chr.

„Es wächst der Mut
bei jedem Blick auf die Größe des Unternehmens."

Lucius Annaeus Seneca, ca. 4 v. Chr - 65 n. Chr.

„Wer die Welt bewegen will,
sollte erst sich selbst bewegen."

Sokrates, 469-399 v. Chr.

„Der schönste Sieg,
und der am längsten auch vergnügt,
ist dieser: wenn die Leidenschaft die Pflicht besiegt."

J.E.A. Stiegler, gest.1838

„Auf lange Sicht erreichen die Menschen nur das,
worauf sie zielen."

Henry David Thoreau, 1817-1862

„Wenn wir uns von unseren Träumen leiten lassen,
wird der Erfolg all unsere Erwartungen übertreffen".

Henry David Thoreau, 1817-1862

Ist es Ihnen aufgefallen? Die gesammelten Zitate stammen ausschließlich von Menschen, die vor langer Zeit gelebt haben. Es ist altes Wissen, das Sie hier finden. Wissen, das schon lange in der Welt ist und uns leiten kann.

Vielleicht haben Sie ja Lust eines dieser Zitate zu Ihrem Motto zu machen. Wenn ja, dann suchen Sie sich das Zitat aus, das Sie am meisten inspiriert und machen es sichtbar. Am Besten lesen Sie es sich täglich mehrmals laut vor und machen das mindestens 30 Tage (die Zeit, die es braucht, bis wir etwas verinnerlicht haben), um es zu verankern.

Oder wie es Jens Corssen sagt: „Einsichten ändern nichts, nur wiederholte Einsichten materialisieren sich auf der Verhaltensebene!"

FUTURE ZOOMING®

—

QUICK-CHECK

Nutzen Sie den Quick-Check bei anstehenden Entscheidungen. Er wird Ihnen sehr schnell zu mehr Klarheit und Entscheidungssicherheit verhelfen. Der Einfachheit halber spreche ich hier von Projekten:

Schritt 1 : FUTURE — Ihr Big Picture

Der Brief aus meiner guten Zukunft:

Ich stelle mir vor, heute ist der (1-3 Jahre in der Zukunft)

....

Alles in meinem Leben (unternehmerisch, privat) hat sich zum Allerbesten (weiter) entwickelt.

Ich schreibe einen Brief 'aus meiner guten Zukunft' an einen lieben Freund | eine liebe Freundin, und berichte was jetzt (in der Zukunft) ist.

Liebe|r ....,

nun muss ich Dir unbedingt schreiben und Dir erzählen, wie sich mein berufliches und privates Leben in den letzten zwei Jahren ganz nach meinen Vorstellungen weiterentwickelt hat.

Stell Dir vor mittlerweile bin ich ....

....

....

....

Schritt 2 – Visionsverfolgung

Gewinn

Was habe ich davon wenn ich mich auf den Weg mache?

....

....

Ballast abwerfen

Wovon müsste ich mich verabschieden, um mein Projekt
Wirklichkeit werden zu lassen?

....

....

Unterstützer

Wer oder was kann mich bei meinem Projekt unterstützen?

....

....

Rückschläge meistern

Was müsste ich tun/unterlassen, um mit meinem Projekt
'erfolgreich zu scheitern'?

Bzw. was könnte mein Projekt erfolgreich sabotieren?

....

....

Schritt 3 — Visionsumsetzung:

Etappenziele — mit Babysteps zum Ziel

Welche kleinen Schritte werde ich umsetzen und habe ich vielleicht bereits umgesetzt?

....

....

Optimismus verankern

Warum glaube ich, dass ich das schaffe?

....

....

Feiern und würdigen

Punkte aufschreiben, für was ich mich würdigen/belohnen will und mit wem ich feiern möchte.

....

....

Den Future Zooming Quick-Check erhalten Sie samt den Future Zooming®-Erfolgsregeln gerne von mir.

Eine Mail an sz@silvia-ziolkowski.de mit dem Stichwort Future Zooming Quick-Check genügt.

Weiterführende Informationen zu Future Zooming®

Die Future Zooming®-Impulspostkarten

www.future-zooming.de
Bild: Andrea Ernst www.andreaernst.de
© Silvia Ziolkowski 2010, 2011, 2012

10 Karten, illustriert von der Wasserburger Künstlerin Andrea Ernst. Ein Postkartenset mit inspirierenden Zitaten und bezaubernden Zeichnungen. Inklusive einer Karte mit den Future Zooming-Erfolgsregeln.

FUTURE ZOOMING® — VIDEOKURS

Mit dem Future Zooming-Videokurs können Sie ganz in Ihrem Tempo an Ihrer guten Zukunft arbeiten.

Der Video-Kurs ist eine ideale Ergänzung zum Buch.

Mit Ihrem persönlichen Gutscheincode

PJ6826XD2R

erhalten Sie 25% Rabatt auf die Kursgebühr!

Future Zooming® Intensiv-Workshop

Einen ganzen Tag lang Ihre Zukunft denken und sich gemeinsam mit Gleichgesinnten auf den Weg machen.

Ein intensiver Workshop mit max. 8 Teilnehmern.

Mehr Infos zu den Angeboten unter: www.future-zooming.de

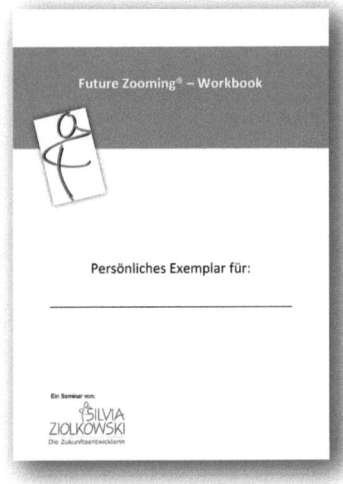

Inklusive ausführlichem Workbook zu Future Zooming®.

Ein Arbeitsbuch, das Sie begleiten wird, mit Hintergrundinfos, Illustrationen und Zitaten, 40 Seiten, Ringbuch.

SILVIA ZIOLKOWSKI

—

DIE ZUKUNFTSENTWICKLERIN

WISSEN, WO'S LANG GEHT!

Mit Silvia Ziolkowski geht es in die Zukunft – und das leidenschaftlich, denn ohne Bewusstsein und Leidenschaft können Ziele nicht erreicht werden. Silvia Ziolkowski, das sind Impulse und Inspiration über die wesentlichen Wissens-Stellschrauben und das ist praktische Methodik zur Entwicklung und Umsetzung wirksamer Visionen im Unternehmensalltag. Sollten Sie zweifeln, so kommen Sie mit Silvia Ziolkowski ins Tun. Sie ist Auf- und Ausbau von Eigenmacht, Handlungsfähigkeit und innerer Unabhängigkeit.

So lassen sich Grenzen überwinden und Werte leben.

Professionalität

Silvia Ziolkowski ist die Zukunftsentwicklerin. Sie ist also nicht Coach, sondern Zukunfts-Coach. Als Unternehmerin und ehemaliger Vorstand eines international tätigen IT-Unternehmens weiß sie, worauf es ankommt.

Die Expertin für Visionsentwicklung und nachhaltige Zukunftsgestaltung schuf mit ihrem Future Zooming®-Ansatz ein Werkzeug, das die eigenen Wünsche und beruflichen Visionen klärt.

Mit ihrer Arbeit leistet sie einen wertvollen Beitrag für die Zukunftsfähigkeit der Unternehmen, so dass sie 2013 in den Senat der Wirtschaft berufen wurde.

Zudem ist sie Dozentin u.a. an der Bayerischen Akademie für Werbung und Marketing.

Sie ist Herausgeberin der Podcastserie 'Visionäre inspirieren', des Impulsbuches und der Impuls-Postkartenserie.

Bücher | Podcasts | Kolumnen

Ziolkowski, S. 2008. Impulsbuch 1 Jakobsweg. Erding: ArtVia.

Ziolkowski, S. 2014. Wie Sie mit Ihrer Vision ein Hochleistungsteam formen und beseelen. In L. Seiwert (Ed.), Die besten Ideen für erfolgreiche Führung: Erfolgreiche Speaker verraten ihre besten Konzepte und geben Impulse für die Praxis. Offenbach: Gabal.

Heinrich, S., & Ziolkowski, S. 2013. Sales-up-Call: Vision verkauft. Trier: Heinrich Management Consulting.

Kolumnen in Genders Dialog Society: Artikelserie zum Thema Visionen, http://gendersdialogsociety.com

Podcast: Visionäre inspirieren

Abonnieren Sie auf iTunes kostenlos und völlig unverbindlich die Podcast-Serie: „Visionäre inspirieren"

Silvia Ziolkowski

im Interview

Profiler's Publishing fragt seine Autorin

Silvia Ziolkowski, warum sind Sie Expertin für Erfolg?

Als Zukunftsentwicklerin folge ich stets dem Credo meines Schaffens: Wer andere erfolgreich macht, ist erfolgreich!

Mein Erfolgsgarant dabei ist die kontinuierliche Auseinandersetzung mit der Gestaltung der eigenen Zukunft – wie man sich selbst in Zukunft erleben möchte.

Dazu vermittle ich die passenden Methoden und ermögliche Menschen wie Unternehmen, mehr Erfüllung und Freude zu erleben – im Leben und in der Arbeit.

Sie kennen die Werbung: „Mein Auto – mein Haus – mein Pool..".

Uns interessiert: Woran messen Sie Erfolg?

Erfolg bedeutet für mich, beseelt zu leben und zu tun, was mich emotional berührt. Erfolgreich sein heißt auch, den Blick lenken zu können und vor allem die positiven und schönen Dinge im Leben wahrzunehmen.

Ein erfolgreicher Tag war es, wenn ich am Abend mit meinem Tag zufrieden bin.

Wenn wir diese Vorgaben erreichen, uns dazu noch treu sind und nicht von unserem Weg abweichen, wird sich letztlich der in Ihrem Zitat genannte materielle Erfolg von selbst einstellen.

Wie haben Sie zu Ihrem unverwechselbaren Stil gefunden?

Ich bin die Summe der Erfahrungen, die ich auf meinem Lebensweg gesammelt habe, welcher übrigens alles andere als linear verlief.

Rückblickend hatten jedoch all meine Kurswechsel ein gemeinsames Motiv: Die Entwicklung und anschließende, konsequente Verfolgung einer Vision. Ob nun mein Entschluss mit zarten 20 Jahren, als 'Mädl vom Land' eine Au Pair Stelle in den USA anzutreten oder der Aufbau eines international erfolgreichen IT-Unternehmens in späteren Jahren – die Kraft, die diese Visionen auslösten, hat mich unglaubliche Hürden nehmen lassen, mich beseelt und vorwärts zum Erfolg getrieben.

Seitdem weiß ich, dass eine Vision, die ins Herz trifft, uns fast alles erreichen lässt.

Welche kleinen Dinge machen Ihren Tag zu einem erfolgreichen Tag?

Eine schöne Metapher für diese Empfindung ist die 'gute Müdigkeit': Am Abend leicht erschöpft, aber zufrieden mit dem Geleisteten zu sein.

Dankbarkeit zu empfinden für das, was ich habe, und dies auch bewusst wahrzunehmen. Meine Fortschritte, Erfolge, positiven Erlebnisse und Ideen in meinen 'Smile-Collector' einzutragen und dabei zu registrieren, dass jeden Tag etwas passiert und das Leben entlang meiner Vision voranschreitet.

Wenn ein guter Beobachter Sie eine Zeit lang begleitet, woran kann er erkennen, dass Sie ein Erfolgstyp sind?

Kürzlich sagte eine Kollegin zu mir, sie würde es faszinieren, wie ich mein Thema in die Welt trage. Das Funkeln in meinen Augen und die Leidenschaft, mit der ich meine Vision verfolge, würde die Menschen anstecken. Und genau das ist es, ich möchte dieses Funkeln in die Augen meiner Kunden zaubern.

Entsprechend beseelt es mich zu erleben, wie Menschen in meiner Gegenwart ihre eigene Größe spüren und das lästige, oftmals langjährige Hadern ihrer neuen, positiven Selbstüberzeugung Platz macht.

Was sagen Sie den Zweiflern?

Betrachten Sie Ihr Leben rückwärts – nach einem erfüllten Leben sitzen Sie im Schaukelstuhl und blicken zurück: Sind Sie froh darüber, Ihren Zweifeln den Vorzug gegenüber Ihren Ideen gegeben zu haben? Oder bedauern Sie es, Chancen ungenutzt gelassen und Gelegenheiten verstreichen lassen zu haben?

Denken Sie darüber nach, wann und wofür es sich tatsächlich lohnt, ausgiebig zu zweifeln anstatt zu handeln.

Wie lautet Ihr ultimativer Erfolgstipp?

Vertrauen Sie sich! Hören Sie auf zu vergleichen und folgen Sie Ihrer Vision – ohne wenn und aber! Der richtige Zeitpunkt um Träume und Visionen anzupacken ist immer JETZT.

Kontakt zur Zukunft

Silvia Ziolkowski

www.silvia-ziolkowski.de

+49 8122 9598866

sz@silvia-ziolkowski.de

Egerländer Str. 34 | 85435 Erding

Newsletter

Tragen Sie sich in meinen Newsletter ein und erhalten Sie 4x im Jahr Tipps und Tricks zum Thema, oft auch mit Auslosung interessanter Preise.

HTTP://WWW.SILVIA-ZIOLKOWSKI.DE/NEWSLETTER

Hat Ihnen dieses Buch gefallen? Schreiben Sie eine Rezension auf Amazon und ich bedanke mich mit dem einzigartigen Impulsbuch bei Ihnen.

Lohn für Ihre Rezension

Das Impulsbuch 'Jakobsweg'. Ihr Logbuch mit Bildern und Zitaten vom Weg der Wege – der besonderer Begleiter für Ihren Weg. 204 Seiten in hochwertiger Ausstattung und Verarbeitung.
Schicken Sie mir eine Mail an INFO@SILVIA-ZIOLKOWSKI.DE mit Ihrer veröffentlichten Rezension und Ihrer Postadresse.